허 준

교과서에 나오는 위대한 인물
허 준

펴낸날 2006년 7월 20일 1판 1쇄
　　　　2009년 5월 20일 1판 2쇄

글 | 백성희
그림 | 박은화
펴낸이 | 강진균
펴낸곳 | 삼성당
편집 주간 | 강유균
편집 책임 | 김혜정, 변지연, 김지현
디자인 | 비짜루
마케팅 | 변상섭, 김경진
제작 | 강현배
주소 | 서울 강남구 논현동 101-14 삼성당 빌딩 9층
대표 전화 | (02)3443-2681
팩스 | (02)3443-2683
홈페이지 | www.ssdp.co.kr
쇼핑몰 | www.ssdmall.co.kr
등록번호 | 제2-187호(1968년 10월 1일)
ISBN 89-14-01572-6 73990

· 이 책은 저작권법에 따라 보호받는 저작물이므로 무단전재와 무단복제를 금지하며,
　이 책 내용의 전부 또는 일부를 이용하려면 반드시 (주)삼성당의 서면 동의를 받아야 합니다.
· 파본은 바꾸어 드립니다.

허 준

글·백성희　그림·박은화

삼성당

펴 / 내 / 며

　요사이 우리 어린이들은 학교 공부와 학원 공부를 병행하면서 틈틈이 책도 읽어야 하고, 친구들과 신나게 뛰어놀기도 해야 한다. 게다가 컴퓨터 게임을 비롯한 각종 오락들이 발달하여 어린이들을 유혹한다.
　이렇게 어린이들은 점점 더 하고 싶은 일과 해야 할 일들의 홍수 속에서 살아가고 있다. 그러나 한편으로 어떤 어린이나 마음만 먹으면 책을 접하고 읽을 수 있는 세상이다.
　어린 시절에 좋은 책을 가까이 한다는 것의 중요성은 아무리 강조해도 지나치지 않다.
　특히 인터넷과 영상 문화가 고도로 발달한 현대는 단편적으로 습득한 얄팍한 지식보다는 사회와 역사를 바르게 보는 눈을 필요로 할 뿐만 아니라 읽고, 쓰고, 생각하는 능력을 점점 더 요구하고 있다.
　따라서 오늘날의 어린이들에게는 앞날에 대한 자신의 목표를 세우고 꿈을 키워 갈 수 있도록 이끌어 주는 위인 전기의 의미가 한층 더 중요하다. 위인들의 삶 속에는 큰 뜻을 펼치는 포부와 자라면서 겪어야 했던 시련과 고통, 이를 이겨 내고 빛나는 업적을 이루기까지의 과정이 생생하게 담겨 있기 때문이다.

〈교과서에 나오는 위대한 인물〉은 21세기 문화의 시대를 살아 가는 어린이들에게 본보기가 될 수 있는 위인들을 선정하고, 역사적 사실에 기초한 고증으로 내용에 충실을 기했다.

다양한 시각 자료와 본문 내용에 따른 삽화 구성, 내용의 이해를 돕기 위한 학습 도움말과 생생한 컬러 사진, 그리고 역사적 사건과 용어들을 설명해 주는 공부방 등으로 구성하여 어린이들이 쉽고 재미있게 읽을 수 있도록 배려했다.

이 책이 미래 사회의 주인공인 어린이들의 가슴에 지혜와 사랑, 용기와 신념을 심어 주는 길잡이가 될 수 있기를 바란다.

허준 *許浚*

서자의 설움 **8**

허준은 1546년 명종 원년 3월에 경기도 김포에서 태어났다. 허준의 조상 중에는 훌륭한 사람이 많았고, 크고 작은 벼슬을 지낸 사람도 많았다.

훈장님의 충고 **24**

허준이 계속 글방에 나오지 않자 훈장님은 걱정이 되었다.
"준이가 왜 글방에 안 나오는지 누가 알고 있느냐?"

유의태의 제자로 52

허준의 아내는 따뜻한 물로 시어머니의 발을 서너 차례 씻긴 다음 주물러 드렸다. 그랬더니 놀랍게도 어머니의 아픈 배가 감쪽같이 나았다.

깨어진 꿈 78

그 해 4월 초에 한성에서 내의원 취재가 있었다. 허준은 취재에 합격할 뜻을 품고 열심히 공부했다.

천황산 얼음 계곡 90

허준은 환자들을 치료하며 바쁜 나날을 보냈다. 어느 날 유의태가 외출복 차림으로 집을 나서며 말했다.

서자의 설움

　허준은 1546년 명종 원년 3월에 경기도 김포에서 태어났다.
　허준의 조상 중에는 훌륭한 사람이 많았고, 크고 작은 벼슬을 지낸 사람도 많았다.
　허준이 태어났을 때 아버지와 어머니는 기쁘면서도 한편으로는 시름에 잠겼다. 그 까닭은 허준이 첩의 몸에서 태어난 축복받을 수 없는 아이였기 때문이다.
　옛날에는 재산이 있는 사람이나 지체 높은 양반은 모두 첩을 한두 명 거느리고 있는 것이 예사였다.

게다가 허준의 어머니 손씨는 평민도 아닌 노비 출신이었으므로, 사람들로부터 받는 괄시가 더욱 심했다.

그 당시에는 신분적 차별이 상상할 수 없을 만큼 심해 서자*는, 자기 아버지를 아버지라 부르지 못하고 나리, 사또, 또는 대감이라고 불러야 했다.

허준 역시 아버지를 대감마님이라고 불렀다.

서자들은 아무리 총명하고 재능이 뛰어나더라도 과거에 응시할 자격이 없어 벼슬을 한다는 것은 꿈에도 생각지 못했다.

허준이 다섯 살이 되었을 무렵이다.

학습도움말

서자

본부인이 아닌 첩에게서 난 자식. 사회적으로 심한 차별 대우를 받아, 양반의 피를 이어받았다 해도 평민보다도 못한 대접을 받았다. 이런 사회 제도를 비판하는 소설 〈홍길동전〉이 나올 정도로 서자 문제가 심각했다.

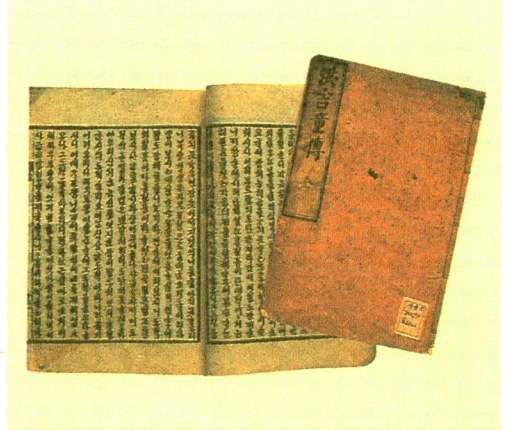

조선 중기에 허균이 지은 최초의 한글 소설인 〈홍길동전〉

본부인에게서 난 형들과 함께 공부할 수가 없었던 허준은 대감집 형들이 공부하는 방 앞에 살그머니 다가가 글 읽는 소리를 듣곤 했다.

"하늘천, 따지, 검을현, 누를황……."

방 안에서 글 읽는 소리가 흘러나오면 허준은 밖에서 나직이 따라 읊었다. 그런 허준의 모습을 지켜보던 집안 하인들이 귓속말로 수군거렸다.

"정말 가엾은 도련님이다. 저렇게 영특한데 공부도 마음대로 할 수 없으니 말이야."

"서자로 태어났으니 공부가 무슨 소용이 있겠어."

학습도움말

글방
예전에 사사로이 한문(漢文)을 가르쳤던 곳을 말한다. 사숙, 서당, 서재, 학당, 학방이라고도 불렸다.

훈장님
글방에서 아이들에게 한자를 가르쳐 주던 선생님을 일컫는다.

김홍도의 〈서당〉의 일부분

아직 친자와 서자가 무엇인지 모르던 허준으로서는 하인들이 왜 자기를 불쌍하게 여기는지를 이해할 수 없었다. 그저 공부하는 일만이 즐겁고 신날 뿐이었다.

그러던 어느 날, 글방* 근처에는 좀처럼 오지 않던 아버지가 잠시 글방에 들렀다.

"천, 지, 현, 황……."

허 대감은 형들을 따라 문 밖에서 글을 읽는 허준을 발견했다. 그 순간 가슴이 뭉클했다.

슬그머니 자리를 피해 안방으로 돌아온 허 대감은 눈을 지그시 감고 생각에 잠겼다.

'준이를 형들과 함께 공부하게 해도 될까? 어차피 한 핏줄이니 신분은 다르지만 형제간의 우애를 위해서라도 함께 공부하도록 하는 것이 좋을 거야.'

허준은 다음 날부터 형들과 함께 공부할 수 있었다.

글공부를 하는 첫날부터 허준은 훈장님*의 귀염을 받았다.

삼 형제가 나란히 앉아 글공부를 할 때였다.

훈장님이 말씀하셨다.

"영후가 방금 읽은 부분을 풀이하여 보아라."

"에, 그러니까 태공이 말하기를…… 욕심이 있으면…….."
"쯧쯧."
"이번에는 정이가 해 봐라."
정이가 얼굴이 빨개져서 슬금슬금 일어섰다. 정이는 책을 한참 동안 들여다보고 나서 겨우 말했다.
"잘 모르겠습니다."
"너희는 도대체 글을 배운 게냐, 안 배운 게냐, 에잉!"
화가 난 훈장님이 붉으락푸르락하며 화를 내고 있을 때 슬그머니 일어서는 아이가 있었다. 허준이었다.
"훈장님, 제가 해 보겠습니다."
모두 허준을 쳐다보았다.
"태공이 말씀하시기를, 다른 사람을 알고 싶거든 모름지기 자기 자신을 먼저 생각하고 헤아려 보라고 했습니다."
훈장님이 흐뭇한 표정을 지었다.
'영특한 아이로군!'
훈장님은 허준에게 몇 가지 질문을 더 던졌다.
"천자문의 내용을 말해 보거라."
"천자문은 태초 우주의 운행에서부터 인간이 지켜야 할 삼강

오륜*은 물론 생활에 필요한 농경에 이르기까지 다루지 않은 것이 없습니다."

훈장님은 고개를 끄덕이며 허준을 칭찬했다.

공부를 마치고 마당으로 나온 형들이 공연히 심술이 나서, 나뭇가지에 앉은 참새에게 돌멩이를 던지고 꽃밭의 나비와 벌을 괴롭혔다.

자기들이 허준보다 못한 것을 부끄러워하기는커녕 오히려 다른 것에 화풀이를 한 것이다.

참새와 나비, 벌이 괴롭힘을 당하는 것을 보는 허준의 마음은 아프고 괴로웠다.

학습도움말

삼강 오륜

삼강은 유교 도덕의 기본이 되는 세 가지 큰 줄기로서 임금과 신하, 부모와 자식, 부부간에 지켜야 할 도리를 얘기한 것이다. 오륜은 여기에다 어른과 아이, 친구간에 지켜야 할 예절을 더한 것이다. 옛부터 삼강과 오륜은 인간이 지켜야 할 가장 기본적인 윤리 덕목으로 생각되었다.

오늘날 유교의 덕목을 공부하고 있는 유생

허준은 천성이 온순하고 착하여 남이 어려운 처지에 놓여 있으면 그냥 지나치지 않고 꼭 도와 주었다. 그는 형들의 거친 행동을 이해할 수 없었다.

허준의 어머니는 착하고 똑똑한 아들이 무척 자랑스러웠다. 하지만 너무 총명하여 형들의 시샘과 따돌림을 받는 것이 마음에 걸렸다.

허준이 안방마님의 미움을 받기 시작한 것도 형들과 함께 공부하면서부터였다. 안방마님은 원래 허준에게 잘 대해 주었으나 허준이 자기 자식들보다 더 똑똑하다는 것을 알고 나서는 허준을 미워하게 되었다.

그 이후로 허준은 훈장님의 질문에 잠자코 있었다.

하지만 훈장님이 노여워하시면 가만히 있을 수 없었다.

"아는 사람이 아무도 없느냐?"

"네, 제가 대답해 보겠습니다."

허준은 할 수 없이 훈장님의 물음에 대답하고 말았다.

하루는 글방을 나오는데 큰형이 앞을 가로막으며 허준을 험상궂은 표정으로 노려보았다.

"네가 오기 전까지는 난 훈장님께 늘 칭찬을 들었어."

그러자 둘째 형도 씩씩거리며 말했다.

"나도 가끔씩은 칭찬을 들었는데, 네가 온 이후로는 오히려 야단만 맞고 있어."

"너 하나 때문에 우리 모두가 피해를 보고 있단 말이야."

이런 상황에서는 아무 말도 안 하는 것이 가장 좋은 방법이라고 판단한 허준은 고개를 숙인 채 입을 꽉 다물었다.

허준의 태도에 형들은 약이 올랐다.

"훈장님은 우리 중에서 장차 과거*에 급제할 사람은 너 하나뿐이라고 하셨지. 그러나 그건 뭘 모르고 하시는 말씀이야. 너는 과거를 볼 자격도 없다는 사실을 아니?"

이 말에 허준은 너무나 큰 충격을 받았다.

"그게 무슨 소리예요?"

"과거는 적자가 아니면 볼 수 없어. 너 같은 서자는 과거에 응시할 자격이 없단 말이야. 그 주제에 공부는 열심히 해서 뭐 하냐, 이 멍청아!"

순간 허준의 몸이 부르르 떨렸다.

'형들의 말이 사실일까?'

허준은 절망에 빠졌다. 자기를 낳아 준 부모님이 원망스럽고 더 이상 서 있을 수도 없어 땅바닥에 주저앉아 버렸다.

허준의 두 눈에서는 뜨거운 눈물이 흘러내렸다.

소리 없이 흐느껴 울던 허준은 이윽고 손을 털고 일어나 우물가에 앉아 얼굴을 씻었다.

얼굴은 씻었지만 눈물은 멈출 줄을 몰랐다. 같은 핏줄을 타고 태어난 형들에게 멸시를 받고, 지금까지 즐거운 마음으로 해 왔던 글공부가 모두 필요 없다는 것을 알게 된 허준은 살고 싶은 마음이 사라졌다.

"아니, 얼굴이 그게 뭐냐. 무슨 일이 있었느냐?"

들로 산으로 돌아다니다 땅거미가 질 무렵에야 집으로 돌아

학습도움말

과거
옛날 중국과 우리 나라에서 관리를 뽑을 때 보던 시험. 우리 나라에서는 통일 신라 때 독서 삼품과를 실시한 바 있다. 그러나 본격화된 것은 고려 광종 때였으며, 조선 시대에 이르러서는 그 중요성이 더욱 커져 모든 관리는 과거에 합격해야만 등용될 수 있었다.

조선 시대 과거 시험 장면

온 허준을 보고 어머니가 깜짝 놀라서 물었다.

허준은 아무 말도 하지 않았다.

"누구하고 싸운 게냐?"

어머니가 계속 다그쳤지만 허준은 입을 열지 않았다.

"도대체 어떻게 된 영문이냐? 시원하게 말 좀 해 봐라."

"동네 아이들하고 싸웠어요."

허준은 이렇게만 대답하고는 방으로 들어가 버렸다.

아들의 맥없는 뒷모습을 보는 순간 어머니는 가슴이 철렁 내려앉았다. 동네 아이들로부터 놀림을 당한 것이 분명했다.

어머니는 저녁상을 정성스레 차려 들고 방으로 들어갔다.

"준아, 저녁 먹어야지."

"먹고 싶지 않아요."

다음 날 허준은 글방에도 가지 않고 방 안에만 틀어박혀 있었다. 이윽고 굳은 표정으로 어머니에게 말했다.

"글공부를 그만두겠습니다."

"글공부를 그만두다니, 그게 무슨 말이냐?"

"늘 저만 칭찬하시는 훈장님도 밉고, 시샘하는 형들도 보기 싫어요."

어머니는 부드럽게 타일렀다.

"준아, 그건 모두 네가 공부를 잘 하기 때문이야. 형들이 너를 시샘하고 괴롭히더라도 꾹 참고 열심히 해야지."

"어머니, 형들은 제 친형이 아닙니다. 서자인 제가 어떻게 감히 형들과 친형제가 되겠습니까?"

허준은 속에 있던 말을 몽땅 털어놓았다.

"글공부는 해서 무엇에 쓰나요? 저 같은 서자는 과거에 응시할 수도 없다는데……."

어머니의 가슴은 찢어질 듯 아팠다. 하지만 다시 부드러운 목소리로 타일렀다.

"비록 적자와 서자 사이라 하더라도 공부를 함께하고 뜻을 같이할 수 있으면 친형제와 다름이 없다. 그리고 네가 할 일이 단지 과거를 보는 일뿐이겠느냐?"

어머니는 어떻게 해서라도 아들을 바로잡아 주고 싶었다.

그러나 허준은 어머니의 말을 더 이상 들으려 하지 않고 이불을 뒤집어쓰고 울기 시작했다. 이런 아들의 모습을 바라보는 어머니의 눈에서도 뜨거운 눈물이 흘렀다.

어머니도 오랜 세월 동안 쌓였던 설움이 한꺼번에 복받쳐 올

랐다. 모자는 서로 부둥켜안고 한없이 울었다. 마음의 병이 깊으면 몸에도 병이 드는 것일까?

그 날 밤, 허준은 온몸에 열이 펄펄 끓어올랐다.

어머니는 안절부절못하며 가슴을 태웠지만 아들에게 해 줄 수 있는 일이라고는 이마에 찬물 찜질을 해 주는 것이 고작이었다.

정실 자식들이 아프다고 하면 하인들이 서로 나서서 의원을 부른다, 약을 달인다 하며 야단 법석을 떨겠지만, 허준한테는 모두 무관심했다.

어머니는 아들의 이불에 얼굴을 묻고 흐느꼈다.

"준아, 미안하다."

다행히 허준은 다음 날 저녁 무렵이 되자 다시 기운을 차렸다. 그러나 글방에는 나가지 않았다.

명종

조선의 제13대 왕이다. 인종의 이복 동생이자 중종의 둘째 아들로 어머니는 중종의 2번째 왕비인 문정 왕후이다. 명종의 즉위는 훈구파와 사림파의 분열과 격렬한 권력 투쟁의 분위기 속에서 이루어졌다.

1545년 인종이 병으로 죽고, 명종이 12세의 나이로 즉위하여 문정 왕후가 수렴청정을 하게 되자 문정 왕후를 비롯한 그 밑의 신하들은 명종의 왕위 계승을 반대했던 무리들을 숙청했다.

1553년 문정 왕후가 수렴청정을 거두고 직접 정사를 돌보게 된 명종은 문정 왕후와 외삼촌 윤원형을 견제하고 왕권을 안정시키기 위하여 많은 노력을 기울였다.

그러나 1565년 문정 왕후가 죽기까지 20여 년 동안 자신의 세력 기반을 지니지 못한 채 문정 왕후와 윤원형에게 휘둘려 뜻을 펴지 못하고 1567년 34세라는 이른 나이로 죽었다. 인순 왕후와의 사이에 낳은 순회 세자가 일찍 죽어, 중종의 9번째 아들인 덕흥 부원군의 셋째 아들 선조가 왕위를 계승했다.

첩

본부인 말고 데리고 사는 여자. 옛날에는 첩이 사회적으로 공인되었고, 오늘날에도 이슬람 교 국가의 일부 다처제 아래에서, 또는 뉴기니 등 원시 부족 사회 등에서는 공인되고 있다. 그러나 현대 문명 국가에서는 대부분 일부 일처제가 확립되어 축첩이 금지되거나 이혼 사유가 되고 있다.

우리 나라도 조선 시대에는 축첩이 공인되었고, 첩은 별가·소실·소가 또는

측실로 불렸으며, 그 지위는 처에 준하는 지위가 인정되었을 뿐만 아니라, 재산 상속권도 인정되었다. 그러나 첩의 자녀는 적자녀와는 달리 첩자녀 또는 서자라 불러 차별 대우를 받았고 일정 관직 이상에 오를 수도 없었다. 다만 적자가 없을 때에는 서자에게도 조상 봉사 권한이 인정되었다. 8·15광복 후 축첩은 금지되었고, 이에 따라 형법은 간통죄에서 남자도 처벌하는 쌍벌주의를 취하고 있다.

천자문

한문의 입문서로 중국 남조 양나라의 주흥사가 글을 짓고 동진의 왕희지의 필적 중에서 해당되는 글자를 모아 만들었다고 한다.

1,000자가 각각 다른 글자로 되어 있다. 내용은 '천지현황~'에서 시작하여 '~언재호'로 끝난다.

당나라 이후 급격히 보급되어 많은 서가에 의하여 쓰여졌으며 그 중에서도 습자 교본으로 가장 유명한 것은, 왕희지의 7대손 지영이 진서와 초서, 두 체로 쓴 〈진초천자문〉본으로 1109년에 새긴 석각이 전해 내려오고 있다.

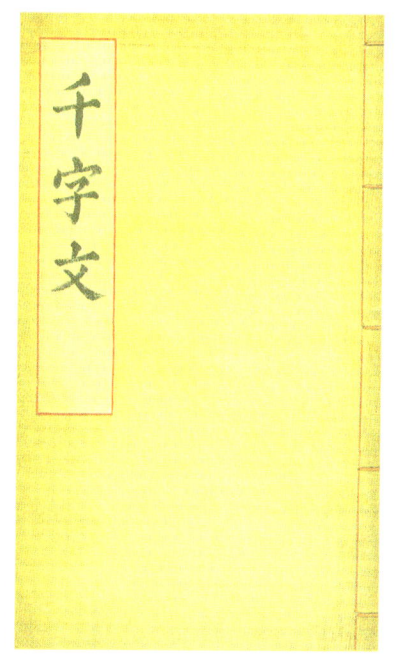

천자문의 표지와 본문

훈장님의 충고

허준이 계속 글방에 나오지 않자 훈장님은 걱정이 되었다.
"준이가 왜 글방에 안 나오는지 알고 있느냐?"
훈장님이 큰형 정이에게 물었다.
"잘 모르겠습니다."
그러자 둘째 영후를 바라보며 물었다.
"너도 준이가 왜 안 나오는지를 모르느냐?"
영후는 대답 대신 정이에게 곁눈질만 했다.

아이들의 태도가 심상치 않다고 느낀 훈장님은 담뱃대로 책상을 세게 두드렸다.

아이들이 깜짝 놀라 고개를 번쩍 들었다. 훈장님은 한 가지 꾀를 내었다.

그래서 큰 형 정이를 일으켜 세우며 물었다.

"'주문공왈 수구여병하라'가 무슨 뜻인지 말해 보거라."

정이는 책을 뒤적이더니 한참 만에야 겨우 대답했다.

"주문공이 말씀하시기를…… 입을 지키는 것을…… 병을 막듯이 하라고 하셨습니다."

"그렇다. 말조심하라는 뜻인 걸 알겠지?"

"네, 알겠습니다."

"한번 엎질러진 물은 주워 담을 수 없듯이 한번 입 밖으로 뱉어 낸 말은 다시 담을 수가 없느니라. 자신에게 가벼운 일이라도 상대방에게는 상처가 될 수 있으니, 입을 열기 전에 몇 번이고 생각하는 습관을 들이도록 해라."

말을 마친 훈장님은 잠시 동안 아무 말이 없다가, 이윽고 어두운 표정으로 입을 열었다.

"정이야!"

정이는 화들짝 놀라 기어드는 소리로 대답했다.

"네."

"이 글을 읽고 느끼는 바를 얘기해 보거라."

정이는 왠지 훈장님이 이미 모든 사실을 알고 계실 거라는 생각이 들었다.

"훈장님, 잘못했습니다. 제가 입을 가볍게 놀리는 바람에 준이의 마음을 아프게 했습니다."

"무슨 말을 했기에 그렇게 열심히 공부하던 준이가 글방에 나오지 않느냐?"

정이는 차마 대답을 못 했다.

훈장님이 엄한 표정으로 계속 지켜보자, 한참 후에야 어쩔 수 없이 대답했다.

"준이는 서자이기 때문에 아무리 열심히 공부해도 과거를 볼 수 없다고 했습니다."

"뭐라고? 하라는 공부는 안 하고 기껏 한다는 것이 남의 약점이나 잡아서 괴롭힌단 말이냐?"

훈장님은 노여움을 삭이려고 재떨이를 탕탕 쳤다. 그러고는 길게 한숨을 내쉬었다.

"오늘 공부는 이만 마치겠다."

훈장님은 자리에서 일어났다.

허준을 생각하니 가슴이 아팠다. 허준의 처지와 그의 재주를 잘 알고 있는 훈장님으로서는 이미 오래 전부터 이런 일이 생기게 될 것을 짐작하고 있었다.

총명한 허준이 없으니 글을 가르치고 싶은 의욕마저 사라져 버렸다.

'흠, 이 녀석이 계속 글방엘 안 나오면 내가 직접 가서 데리고 와야겠다. 그냥 버려 두기에는 너무 아까운 아이야.'

조선 시대 글을 배우는 서당을 재현한 모습. 가문이 높은 양반집 자제는 선생을 두고 가르치기도 했다.

다음 날도 그 다음 날도 준이는 글방에 나오지 않았다.

'준이가 큰 충격을 받은 모양이로구나.'

훈장님은 허준을 찾아가기로 결심했다.

한편 낙심과 실망으로 집 안에만 틀어박혀 있는 아들을 바라보는 허준의 어머니는 마음이 갈피를 잡을 수 없을 만큼 어수선했다.

허준의 어머니는 아들을 불러 조용히 꾸짖었다.

"네가 글방에 나가지 않고 누워만 있는 것, 이것이 모두 이 어미의 마음을 아프게 한다는 사실을 모르느냐? 불효는 신분의 귀천을 떠나서 사람의 도리에 가장 어긋나는 일임을 잘 알고 있겠지?"

어머니의 말씀에 허준은 슬그머니 무릎을 꿇고 앉아 고개를 수그렸다.

"꼭 과거를 보아 벼슬을 하는 길만이 네 갈 길이더냐? 사람으로서 떳떳한 일을 하여 부모의 마음을 기쁘게 하는 일, 여러 사람을 위하여 크게 공을 세워 역사에 길이 남을 수 있는 일은 과거를 보지 않고서라도 얼마든지 찾을 수 있다. 나라의 법이라고는 하나 네 자신만 총명하고 재주가 있으면 천한

신분에서 풀려날 방법도 있을 것이다."

어머니의 마지막 말을 듣는 순간, 허준의 눈이 반짝 빛났다.

"너는 과거도 볼 수 없는데 공부는 해서 무얼 하냐고 했지만, 어미의 생각으로는 우선 스승의 가르침에 따라 학문을 익히고 인품을 닦아 훌륭한 학자가 되는 것이 네가 가장 먼저 해야 할 일이라고 생각한다."

"잘 알겠습니다, 어머니."

어머니는 아들이 더 이상 절망하지 않는 것이 다행스러웠다. 그 때 밖에서 누군가 찾는 소리가 들렸다.

"어험!"

"아니, 훈장님께서……?"

허준은 자신을 만나기 위해 직접 찾아오신 훈장님께 공손히 절을 올렸다.

"준아, 자초지종을 들어 다 알고 있다."

"심려를 끼쳐 죄송합니다."

"내일부터 다시 글방에 나와 공부하도록 해라. 너는 총명하고 재주가 있으니 장차 학덕이 높은 학자가 될 것이다."

"고맙습니다, 훈장님."

허준은 훈장님의 격려에 힘을 얻었다. 어머니가 원하는 길, 그 길이 바로 훈장님이 권하는 길과 같음을 깨닫고 허준은 다시 공부에 몰두하기로 결심했다.

 허준은 오직 학업에만 열중했다.

 그래서 천자문은 물론 오래지 않아 〈명심보감〉, 〈동몽선습〉, 〈소학〉까지 거뜬히 마쳤다. 이어서 학자라면 반드시 배워야 할 사서 삼경*을 익혔다.

 이제 허준의 학문은 높은 경지에 이르렀다. 신분이 천할수록 남보다 더 잘해야 한다는 마음으로 허준은 열심히 공부했다.

 허준은 붓글씨 또한 뛰어났다.

학습 도움말

사서 삼경
 사서는 옛날 성현들이 유교의 사상과 교리를 써놓은 유교 경전인 논어·맹자·중용·대학을 가리키며, 삼경은 시경·서경·주역의 세 경서를 가리킨다. 사서와 삼경을 합해 칠서라 하여 학자라면 반드시 읽어야 할 책으로 꼽았다.

사서 삼경

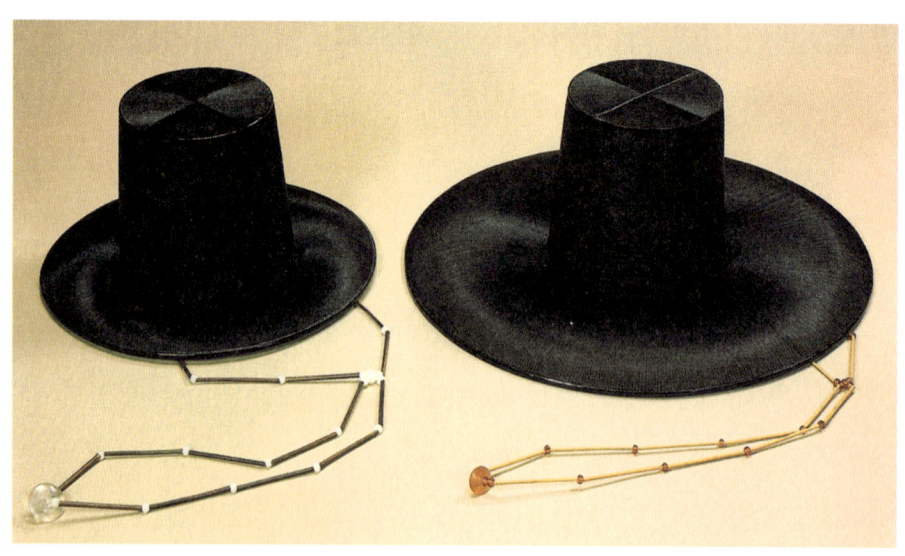
갓

허준의 나이 스무 살이 되던 해였다.

아버지 허론이 평안도 융천 군수로 부임하게 되어 허준은 어머니와 함께 아버지를 따라가게 되었다.

융천에서 허준은 서당에 다니며 양반 친구들과 사귀었다.

양반 친구들은 모두 머리에 큰 갓을 쓰고 다녔다. 하지만 허준은 신분상 그런 것을 쓸 수가 없었다. 그러나 남에게 지기 싫어하는 허준은 자기도 큰 갓을 썼다.

친구들은 그것을 매우 우습게 여겼다. 그렇지만 허준이 사또의 아들이었기 때문에 대놓고 비웃지는 못했다.

나중에 그러한 사실을 알아챈 허준은 매우 불쾌했다. 오랫동안 잊고 있었던 신분에 대한 불만과 분노가 가슴 속에서 다시 살아나기 시작했다.

과거 시험 준비를 끝낸 친구들이 보란 듯이 하인들을 데리고 하나 둘 한성으로 떠나갔다. 그것을 지켜보고 있던 허준은 마음을 다잡을 수가 없었다.

'사람답게 살 수 없는 이놈의 세상, 될 대로 되라지……'

허준은 그 길로 술집에 들어가 술을 마셨다. 그리고 그 날 이후로는 늘 술에 취해 지냈다.

허준이 방탕한 생활에 빠져 헤어나지 못하자 어머니는 크게 걱정했다.

어느 날 밤이었다. 이 날도 허준은 술에 취해 집으로 돌아오는 길이었다.

사방을 분간하기 어려울 정도로 어두운데 길 한가운데 하얀 것이 움직이고 있었다.

"아, 저게 뭐지?"

이렇게 늦은 시간에 이런 한적한 길을 걸을 만한 사람으로서는 너무나 체구가 작아 보였다.

"움직임으로 보아 사람이 분명한데……. 아니, 저건 여인네 잖아?"

여자는 무척 서두르는 기색이었다. 허준은 여자와의 거리를 일정하게 유지하며 따라 걸었다.

여자는 누가 자기 뒤를 따라오는 것을 전혀 눈치채지 못하고 발걸음을 재촉했다.

이윽고 마을로 들어선 여자는 주막으로 들어가더니 주막 안 쪽에 있는 방으로 들어가 버렸다.

허준도 주막 안으로 따라 들어갔다.

"아니, 도련님이 웬일로 이런 곳까지 발길을 다 하셨나요?"

주모가 기쁜 목소리로 반겼다.

'도련님? 같은 상놈 처지에 도련님은 무슨 도련님…….'

허준은 픽 웃었다.

국밥 한 그릇을 시키고 평상에 앉은 허준은 아까 여자가 들어간 방문을 물끄러미 쳐다보았다.

그 방에는 또 다른 누군가가 있는 듯했다. 작은 말소리가 새어 나왔다.

아까 주막의 불빛으로 살짝 훔쳐 본 바로 그 여자는 열일곱

살쯤 되어 보이는 댕기를 맨 처녀였다.

'누구일까? 못 보던 얼굴이던데…….'

허준은 궁금한 생각이 들었다.

"자, 맛있게 말아 왔으니 많이 드세요."

생각에 골똘히 잠긴 허준 앞에 주모가 밥상을 날라 왔다.

허준의 눈이 처녀가 있는 방에 머물러 있는 것을 보고는 주모가 얼굴에 얄궂은 미소를 띠며 말했다.

"같이 온 사람은 아버지라오."

주모는 묻지도 않은 말을 했다.

허준은 쑥스러워서 말머리를 돌렸다.

"국밥이 맛있겠는걸요."

이렇게 말하며 한 숟갈을 푹 떠서 막 입에 넣었을 때였다.

"아버지!"

갑자기 처녀의 방에서 울부짖는 소리가 들려왔다.

허준과 주모는 깜짝 놀라 서로 얼굴을 쳐다보았다.

처녀가 버선발로 급히 뛰어나왔다. 사방을 둘러보던 처녀가 주모에게 달려왔다.

"아주머니, 의원을 불러 주세요. 어서요!"

처녀의 얼굴에는 핏기가 하나도 없었다.

"아니, 무슨 일인데요?"

"제 아버님이 많이 아프세요."

"의원은 여기서 꽤 멀리 떨어진 곳에 있는데……."

의원이 오는 동안 처녀의 아버지가 잘못될 수도 있었다.

"주모! 빨리 모셔 오라 이르시오."

허준은 주모에게 의원을 부르러 사람을 보내도록 한 다음, 처녀의 아버지가 있는 방으로 갔다.

환자는 심상치 않아 보였다. 이미 숨이 끊어진 것도 같았다.

"이보시오, 낭자!"

허준이 다급하게 부르자 처녀가 잔걸음으로 달려왔다.

처녀는 아버지의 상태가 이상하게 보였는지 후다닥 방으로 뛰어들어왔다.

그리고 아버지의 가슴과 코에 귀를 대어 보고, 손을 쥐어 보기도 하더니 급기야는 흐느껴 울었다.

"아버님!"

'이거 참, 애꿎은 일에 끼어들었네.'

허준은 졸지에 아버지 상을 당한 어린 처녀를 나 몰라라 할 수가 없었다.

주모도 허준의 눈치만 살피고 있었다.

"이거 곤란하게 됐군."

"어떻게 해야 할까요?"

주모가 허준에게 물었다.

"우선 기다리기로 합시다. 어쨌거나 의원이 와서 살펴봐야겠지요. 그리고 저 처녀가 기운을 차려야 이들의 신분도 알 수 있을 것이고."

"사람이 죽었으니 우선 관가에 알려야 하지 않을까요?"

"밤이 너무 늦었으니 내일 날이 밝는 대로 내가 알리겠소."

허준이 대답했다.

그런데 의원을 데리러 갔던 사람이 혼자서 돌아왔다.

"의원은 출타 중으로 집에 없습니다."

하늘에 총총히 박힌 별이 뚜렷이 보일 무렵이 되어서야 처녀의 울음소리가 잦아들었다.

한참 동안 고요한 침묵이 계속되었다.

그리고 나서도 오랜 시간이 지난 후에야 방문이 열리더니 처녀가 나왔다.

"초면에 죄송하오나 부탁을 좀 드리겠습니다."

"……."

"소녀의 성씨는 이씨이며 이름은 다희이옵니다. 저의 아버님은 원래 병중으로 저와 함께 어떤 의원을 찾아 나선 길이었는데, 그분을 찾아뵙지도 못하고 그만……."

허준은 처녀의 언행에 품위가 깃들어 있음을 느꼈다.

"실은 저희 부녀는 죄인이옵니다. 조정에 죄를 지어 귀양살이를 하던 중 잠시 길을 나선 것입니다."

'귀양살이 도중 그 배소*를 떠나면 또 벌을 받아야 한다. 그러나 죄인은 이미 죽은 몸이다. 그러니 관가에 알리고 장사

배소
죄인을 귀양 보내던 곳으로 다른 말로 적소라고도 한다. 우리 나라의 배소는 주로 함경도와 평안도, 전라도 끝의 지방과 그 주변 섬이었다. 다산 정약용의 배소인 전라도 강진과 고산 윤선도의 배소인 해남 보길도가 유명하다.

다산 정약용이 귀양살이를 한 전라도 강진 땅

를 지내도 괜찮을 것이다.'

허준은 처녀의 아버지를 장사지내 주기로 결심했다.

"앞으로 갈 곳이 있습니까?"

허준의 물음에 처녀는 고개를 저었다.

"제가 힘 닿는 데까지 돕겠습니다."

처녀는 조용히 고개를 끄덕였다.

다음 날, 관가에 알리고 장사를 지낸 다음 허준은 처녀를 집으로 데려왔다.

"이 은혜를 어떻게 갚아야 하올지요."

처녀가 허준의 어머니 앞에 고개를 숙였다.

"내 아들이 한 일은 사람의 도리를 지킨 것뿐인데 그렇게 생각해 주니 오히려 내가 고맙소."

어머니는 이씨 처녀를 가만히 살펴보았다. 보면 볼수록 마음에 쏙 들었다.

게다가 이씨 처녀와 허준은 처지가 비슷했다. 양반의 피를 받기는 했으나 양반이 아닌 점이 같았다.

처녀는 허준의 집에 살면서, 어머니를 도와 집안 살림을 꾸려 나갔다. 그로부터 몇 달이 지났다.

하루는 어머니가 처녀의 손을 살며시 잡으며 말했다.

"저, 부탁이 있어요."

처녀는 살며시 고개를 들어 어머니를 바라보았다.

"우리 준이를 어떻게 생각해요?"

처녀는 얼굴이 달아올랐다.

"저는 이제 갈 곳이 없는 몸입니다. 이 마을에 온 순간부터 도련님께 의지하고 있습니다."

허준도 처녀를 본 순간부터 마음에 들었다.

마침내 두 사람은 조촐한 혼례식을 올렸다.

하루는 어머니가 외출에서 돌아온 허준에게 말했다.

"사또께서 너를 찾으신다. 어서 가서 뵙거라."

허준은 의관을 새로 갖추고 아버지 앞에 나갔다. 그리고 다소곳이 앉아 아버지의 말을 기다렸다.

"어서 오너라."

아버지는 한참 동안 아들의 얼굴을 바라본 다음 입을 열었다.

"너도 이제 스무 살이 넘었으니 네게 딸린 식구들을 건사할 수 있으리라 믿는다."

"무슨 뜻이온지……."

허준은 어리둥절했다.

"천한 신분에서 벗어나 평민의 신분으로나마 살게 해 달라는 것이 네 어미의 평생 소원이었느니라. 네 신분을 운명으로 받아들이고 이대로 내 밑에서 살고 싶다면 말리지 않겠다. 그러나 내 슬하에서 벗어나 새 세상을 찾고 싶다면 더 이상 지체하지 말고 속히 떠나거라."

허준의 눈이 빛났다.

"하오면 어디로 가야 합니까?"

"네 결심이 서면 남쪽 경상도 산음현으로 가거라. 그 곳 현감이 나와 형님 아우하는 사이이니, 이 편지를 보이면 네가 새롭게 살아갈 길을 열어 줄 것이다."

"사또!"

허준은 감격하여 목이 잠겼다.

며칠 후, 허준은 어머니와 아내를 데리고 인생의 새 출발을 위해 길을 떠났다. 험난한 길을 걷고 또 걸었다.

허준 일가는 대동강* 하구에서 배를 구해 타고 서해로 나가 한성의 삼개에 닿았다.

사흘 후에는 삼개에서 다시 세곡선을 타고 서해로 가 전라도 영산포에 닿았다.

　며칠 후 다시 배를 타고 경상도 마산포를 거쳐 남해를 돌아 고성에 닿았다. 고성에서 진주까지 60여 리, 진주에서 다시 산음까지 60여 리를 가야 했다.

　어머니는 그 동안 뱃멀미를 앓아 보따리에 몸을 의지하고 누워 있었다.

　산음에 도착한 때는 해질 무렵이었다.

　허준 일가는 우선 주막에 묵었다.

　그 이튿날 아침 일찍이 길을 나선 허준은, 아버지가 준 편지를 가지고 관가를 찾아갔다. 하지만 그 곳 관리가 전해 주는 말

대동강
우리 나라의 서부를 흐르는 강. 동백산과 소백산에서 발원하여 서해로 흘러든다. 주변에 기름진 평야가 많으며, 강을 따라 이어지는 경관이 아름답기로 유명하다.

대동강이 굽이져 흐르고 있는 평양 시내 전경

금산에서 바라본 남해

은 날벼락과도 같았다.

"전임 사또는 노모가 위독하시어 벼슬을 내놓고 한성 본가로 가셨소."

"이럴 수가……."

허준은 눈앞이 캄캄했다. 그러나 굳게 결심하고 어머니에게 말했다.

"어머니, 전 이 곳에 머물고 싶습니다."

"일이 이렇게 된 이상 이제 우리가 의지할 사람은 너뿐이다. 그러니 네 결심을 말해 보거라."

"애당초 아버지를 떠난 것은 신분을 바꾸기 위해서였습니다. 비록 움막을 파고 먹을 것이 없어 배가 고프더라도 자유의 몸으로 살고 싶습니다."

"그러면 그렇게 하자꾸나. 아무려면 산 입에 거미줄이야 치겠느냐?"

허준이 고개를 돌려 아내를 보자 아내도 고개를 끄덕였다.

그 날 밤이었다.

저녁을 먹은 후 어머니가 갑자기 신음을 토하기 시작했다.

"어머니, 왜 그러세요?"

허준은 몹시 당황했다.

주막집 주인이 어머니를 보더니 대수롭지 않게 말했다.

"걱정 마슈. 이 산읍에서는 죽을 병이 아니면 유 의원이 다 고쳐 준다우."

"유 의원이요?"

"암, 유의태라는 명의가 있지요."

허준은 어머니를 등에 업고 아내와 함께 유의태의 집으로 달려갔다.

유의태의 집은 많은 환자로 발 들여놓을 틈이 없었다.

허준이 사람들 사이를 비집고 헐떡이며 들어가자, 유 의원은 어머니를 잠시 살펴본 다음 물었다.

"이 곳 사람들이 아니지요?"

"네, 그렇습니다. 저희는 평안도 용천에서 왔습니다. 저희 어머니는 좀 어떠신가요?"

"오랜 여행에 시달려 속이 꼬여 있는데, 음식을 급히 먹어 체한 것 같소. 돌아가서 더운물에 발을 서너 차례 씻으면 편안해질 것이오."

그러고는 다른 환자에게 눈길을 돌렸다.

허준은 안도의 숨을 내쉬었다.

허준은 어머니를 다시 업고 주막으로 돌아왔다.

명심보감

조선 시대에 가장 널리 읽힌 책의 하나로, 고려 충렬왕 때 예문 관제학을 지낸 추적이 금언 혹은 명구를 모아 놓은 책을 말한다. 주로 유교적 교양과 심성 교육, 인생관 등에 관련된 내용들로 지금 남아 있는 가장 오래 된 초략본은 1637년(인조 15년)의 것이다.

착한 일을 한 사람에게는 복이 오고 악한 사람에게는 재앙이 내리니 끊임없이 선행을 계속해야 한다는 계선편, 하늘의 뜻에 따라 살아야 한다는 천명편, 하늘로부터 주어진 천명에 따르라는 순명편, 어버이에게 효도하라는 효행편, 자기 자신을 올바로 세우는 데 도움이 되는 글들을 모은 정기편, 주어진 분수를 지켜 지금의 생활에 만족하라는 안분편, 자신에게는 엄격하고 남에게는 관대하게 대하라는 존심편, 본성을 지키는 방법으로서 참음을 강조하고 인정을 베풀라는 계성편, 학문에 부지런히 힘쓰라는 근학편, 자녀 교육의 중요성을 강조하고 교육에 도움이 되는 글을 모은 훈자편, 자신의 마음을 살피기 위해 자아 성찰에 도움이 되는 글을 모은 성심편, 유교 사회의 기본 윤리인 삼강오륜을 비롯한 실천 윤리를 가르친 입교편 등으로 구성되어 있다.

명심보감을 공부하고 있는 아이들

동몽선습

　서당에서 아이들에게 〈천자문〉 다음으로 가르쳤던 한문 교재이다. 조선 중종 때 박세무가 저술했다고 알려졌으나 민제인이 지었다는 설도 있고 이들 둘이 함께 지었다는 설도 있다.

　사대부의 자제들에게 기본적인 유교적 도덕과 역사를 가르치기 위해 씌어졌다. 내용은 경부와 사부로 나누어 경부에서는 오륜의 뜻을 간결하게 서술하고, 사부에서는 우리 나라 역사와 중국의 역사로 나누어 사실(역사에 실제로 있는 사실)과 사론(역사에 대한 주장이나 이론)을 펼쳤다. 아이들에게 동양 및 우리 나라의 전통적 사상을 고취시키고 덕행을 키우는 데 도움이 되는 책으로 배우기 쉬워 〈천자문〉과 함께 가장 널리 통용되었다.

소학

　8세 전후의 어린아이들이 배우던 책이다. 중국 송나라의 주희가 엮은 것이라고 씌어 있으나, 사실은 그의 제자 유자징이 주희의 지시에 따라 여러 경전에서 아이들을 가르칠 수 있는 일상 생활의 자잘한 예의 범절과 수양을 위한 격언, 충신·효자의 자취 등을 모아 편찬한 것이다. 남송 효종 때인 1185년(순희 14년)부터 편집을 시작하여 2년 후에 완성했다.

　내편 4권과 외편 2권으로 이루어져 있으며 내편은 입교·명륜·경신·계고, 외편은 가언·선행 순으로 되어 있다. 전 책자를 통하여 유교의 효와 경을 중심으로 이상적인 인간상과 군자를 기르기 위한 계몽 교훈을 주요 내용으로 삼았다.

유의태의 제자로

허준의 아내는 따뜻한 물로 시어머니의 발을 서너 차례 씻긴 다음 주물러 드렸다. 그랬더니 놀랍게도 어머니의 아픈 배가 감쪽같이 나았다.

'유의태 의원의 의술은 얼마나 높은 경지이기에 진맥은커녕 겉모습만 보고도 병을 알 수 있단 말인가!'

주막에서 이틀을 묵은 허준은 앞으로 무엇을 하여 먹고 살 것인가를 곰곰이 생각해 보았다.

'약초꾼이 될까? 아니면 광산에서 품을 파는 일을 할까?'

그러나 자기 하나만을 의지하고 사는 어머니와 아내를 생각하니 광산에서 일하는 것은 위험하다는 생각이 들었다.

그래서 약초*를 캐서 팔기로 결심했다. 그렇게 결정하고 나자 자꾸만 눈앞에 아른거리는 사람이 있었다.

바로 유의태였다.

사실 허준은 의원이 되고자 하는 생각은 꿈에도 해본 적이 없었다.

'세상에는 병들어 고통받는 사람들이 너무도 많다. 병든 사람들을 치료하여 고통에서 벗어나게 하는 일! 그것은 얼마나

약초

약의 재료로 쓰이는 풀. 주로 한약을 제조하는 데 쓰인다. 약초는 깊은 산 속에 많이 있는데, 그 대표적인 것이 산삼이다. 요즘은 인삼을 비롯한 대부분의 약초를 사람이 재배한다.

약초를 채취하여 말린 약재들

값진 일인가. 그렇다, 천한 신분인 나로서는 그 이상 값진 일이 없을 것이다.'

허준은 당장 유의태를 찾아가 큰절을 올렸다.

"의원님! 바라옵건대 저를 제자로 거두어 주십시오."

"당신이 누군 줄 알고 제자로 받아들인단 말이오?"

유의태는 차갑게 대꾸했다.

허준은 자신의 어려운 처지에 대해 간단히 얘기한 다음, 다시 말했다.

"제자로 받아들이지 않으시겠다면 약초라도 캘 수 있게 해 주십시오."

유의태는 허준을 찬찬히 살펴보았다.

'총명하고 기품이 배어 범상치 않아 뵈는군.'

"글은 읽을 줄 아시오?"

"네, 글공부는 남에게 뒤지지 않을 만큼 했습니다."

"좋소. 캐 온 약초는 내가 사 주겠소."

"고맙습니다."

집으로 돌아온 허준이 어머니에게 말했다.

"어머니, 저는 약초꾼이 되기로 했습니다. 내일부터 당장 시

작하겠습니다."

그리고 아내를 돌아보며 말했다.

"내일 바로 길을 떠날 수 있도록 준비해 주시오."

3월, 초봄의 쌀쌀한 기운이 맴도는 가운데 허준은 약초꾼들과 함께 지리산에 올랐다. 처음이라 약초를 잘 몰랐지만 산 속을 뒤지며 아는 대로 정성껏 캤다.

이렇게 하여 허준은 약초꾼으로서 몇 달을 보냈다.

지리산

하루는 산 속을 헤매며 며칠에 걸쳐 캐 온 약초를 유의태의 집으로 가지고 갔을 때였다.

유의태가 하나하나 뒤적이며 살피더니 허준이 캐 온 도라지 한 뿌리를 들어올리며 제자들에게 말했다.

"약초는 한 뿌리를 캐더라도 이렇게 정성을 기울여 캐야 한다."

한 제자가 의아해하며 물었다.

"스승님, 그 도라지는 너무 작아서 약재로는 도저히 쓸 수가 없지 않습니까?"

"약재가 되고 안 되고는 문제가 아니다. 비록 작은 도라지일지라도 산삼 캐듯 이렇게 실낱같이 작은 뿌리 하나까지 다치지 않도록 애써 캐는 정성이 중요한 것이다."

제자들은 고개를 끄덕였다.

"당신을 내 제자로 받아들이겠소. 앞으로는 약초 캐는 일은 그만두고 약재를 관리하는 일을 해 보시오."

유의태가 허준에게 말했다.

순간 사람들의 눈이 휘둥그레졌다. 허준도 자신의 귀를 의심하지 않을 수 없었다. 약재 관리는 제자 중에서도 아주 믿을 수 있는 사람에게만 시키는 일이었기 때문이다.

유의태는 허준이 작은 일에도 몸과 마음을 다하여 일하는 것을 보고 제자로 받아들이기로 결심했다.

약재 창고를 맡으면 약재 출납을 정리해야 했고, 약재를 말려 종류별로 보관해야 했다.

그러는 가운데 약재의 이름과 맛을 알게 되고, 여러 약재의 성분과 효능, 쓰임새까지도 자연스럽게 익히게 되었다.

어느 날 유의태가 외출하면서 허준에게 말했다.

"오늘 밤에 내 서재를 청소해 놓아라."

저녁을 먹은 후 허준은 처음으로 스승의 서재에 들어갔다.

서재에 들어서자마자 허준은 깜짝 놀랐다. 삼면 벽이 온통 책으로 둘러싸여 있었기 때문이다.

'아, 스승님께서는 이렇게 많은 책으로 공부를 하셨구나.'

허준은 감탄을 금할 수가 없었다.

서재의 먼지를 털어 내면서 허준은 서가에 꽂혀 있는 책들을 유심히 살펴보았다.

대부분이 의학 서적으로 세종 때 엮은 〈의방 유취〉, 〈향약 집성방〉을 비롯하여 중국에서 가져온 의학 서적도 많이 보였다.

허준은 가슴이 뛰었다.

'나도 이런 책으로 열심히 공부하면 스승님처럼 훌륭한 명의가 될 수 있을까?'

청소를 마친 허준은 서가에서 책을 한 권 뽑아 들었다. 그리고 그 자리에 서서 시간 가는 줄 모르고 읽었다.

"무얼 하느냐?"

언제 들어왔는지 유의태가 허준에게 물었다. 허준은 깜짝 놀라 야단맞을 생각부터 했다.

'이제 곧 날벼락이 떨어지겠네.'

"이 책을 이해할 수 있겠느냐?"

"네, 이해가 잘 되지 않는 부분도 있지만 대부분은 알 수 있습니다."

"음……."

유의태는 말없이 허준을 바라보았다.

"스승님, 시간나는 대로 이 책들을 읽어도 되겠는지요?"

허준은 용기를 내어 여쭈었다.

유의태는 잠시 생각하고 나서 대답했다.

"그래, 책을 읽도록 허락하겠다. 하지만 내 말 잘 듣거라. 홀

룡한 의원이란 책을 많이 읽는다고 해서 되는 것이 아니다. 같은 병이라도 사람마다 증상이 조금씩 다르니 그 치료법도 달라져야 한다. 그러니 각 사람에게 맞는 치료법을 연구해야 한다. 책을 읽더라도 그것을 명심해야 하느니라."

그리하여 허준은 약재 창고에서 일하면서, 때로는 산에 가서 약초를 캘 때도 있었다. 그러나 아무리 고단해도 틈을 내어 밤 늦게까지 책을 읽었다.

이러는 동안 세월이 흘러갔다.

그럴 즈음 유의태는 새벽에는 분명히 있었는데 아침에는 없어지고, 또 어쩌다 집을 떠나면 한 달, 길면 서너 달씩 집을 비우곤 했다.

그럴 때는 유의태의 아들 유도리와 제자들이 유의태를 대신하여 병자들을 돌보았다.

허준도 가끔 기회를 보아 병자들을 진맥하고 치료하여 경험을 쌓았다.

스승 유의태에게는 한 가지 이상한 점이 있었다. 그것은 유의태의 집이 환자들로 법석대는 것에 비해 친구라고 찾아오는 사람은 단 두 사람뿐이라는 것이었다.

그 중 한 사람은 김민세라는 스님이고, 또 한 사람은 안광익이라는 사람이었다.

유의태는 김민세를 삼적 대사라 불렀다. 그런데 김민세만 다녀가면 부인과 유도리가 유의태에게 불만을 늘어놓았다.

그것은 김민세가 올 때마다 집에 있는 돈을 많이 가져가기 때문이었다.

후에 안 일이지만 김민세와 안광익은 삼적사에 나병 환자들을 모아 치료하고 있었는데, 유의태가 그들의 생활비와 운영비를 모두 대 주고 있었다. 그리고 유의태가 집을 비웠던 것은 바로 나병 환자들을 돌보기 위해서였다.

유의태의 집을 찾아온 김민세는 허준의 총명함과 열성을 대번에 알아보고 허준의 학문 습득을 위해 희귀한 의학 서적을 구해다 주곤 했다.

한 해가 가고 또 한 해가 지나갔다. 그 사이에 허준의 맏아들 겸이 태어났다.

허준의 아내는 삯바느질을 하여 집안을 그럭저럭 꾸려 나갔고, 허준은 의술을 열심히 배웠다.

허준은 유의태가 작성한 처방전을 기초로 자기 스스로 다른 처방전과 시술법을 연구했다.

이리하여 학문적 이론을 정립하고 실제적인 경험을 쌓은 허준은 이제 의원으로서 부끄럽지 않은 실력을 갖추었다.

3년이라는 세월이 또 흘러 허준 일가가 산음에 온 지 6년째가 되었다.

이제 허준의 나이 스물여덟 살이 되었다.

그 사이에 딸 숙명이 태어났고 아들 겸이는 서당에 다녔다.

이 무렵 허준의 의술은 누구도 따를 수 없을 만큼 진보했고, 침술은 유의태마저도 감탄할 정도였다.

허준은 장차 내의원 취재에 응시하여 임금과 왕족의 병을 고치는 의원이 될 희망을 가지고 있었다.

"허준이 있느냐?"

하루는 스승이 허준을 찾았다. 허준이 스승 앞으로 다가가니 어떤 선비 둘이 스승과 함께 앉아 있었다.

"스승님 부르셨습니까?"

"네가 이분들을 따라가 이 댁 마님의 병세를 보살펴 드리도록 해라."

"제가 말씀이옵니까?"

"보아 하니 중풍인 듯하다. 서둘러 약재와 침구를 챙겨 떠나거라."

"하오나 스승님! 저는 아직……."

"유 의원! 아버님께서는 꼭 유 의원이 와야 한다고 하셨소. 한데 이런 이름도 없는 의원을 어찌 데려가겠소."

"믿을 만한 제자니 아무 걱정 마시오. 급한 일이 끝난 다음 내 곧 뒤따라가리다."

스승의 엄명에 따라 두 선비를 따라가는 허준의 마음은 매우 긴장되었다.

'내 반드시 스승님의 기대에 어긋나지 않도록 해야겠다.'

허준은 길을 걸으며 다짐했다.

창녕 성 대감 집에 도착한 허준은 그 집이 예사 집안이 아님을 알아보았다.

일행이 집 안으로 들어서자 대청 위에 서서 기다리던 성 대감이 의아한 눈으로 허준을 바라보았다.

"아니, 이 사람이 유의태 의원이란 말이냐?"

"아니옵니다, 아버님. 유 의원은 급한 볼일이 있어 못 오고, 믿을 만한 제자를 대신 보냈습니다."

"아니 무엇이라고? 지금 당장 가서 유의태 의원를 불러 오도록 해라."
노발대발하는 성 대감 앞에서 아무도 입을 열지 못했다.
허준은 당황했으나 그대로 물러설 수는 없는 노릇이었다.
"대감, 고정하십시오. 우선 급한 대로 소인이 마님의 병세를 보고 있으면 곧 스승님께서 오실 겁니다."
허준의 그 말은 오히려 성 대감을 더욱 화나게 만들었다.
"뭐야? 너 같은 애송이가 뭘 제대로 볼 수 있단 말이냐?"
"대감, 소인도 명의 유의태 스승님의 가르침을 받은 의원이옵니다."
허준이 성 대감의 노여움에 항의하듯 말했다.
"으음!"
성 대감은 잠시 할 말을 잊었다.
"대감의 뜻이 정 그러하시다면 소인 이만 물러가겠습니다."
"그래, 네가 정녕 자신 있게 병자를 돌볼 수 있겠느냐?"
성 대감이 조금 부드러워진 목소리로 물었다.
"대감, 병은 꼭 이름 있는 명의만 고치는 게 아닙니다."
성 대감은 비로소 허준에게 병자의 진찰을 허락했다.

병자를 본 순간 허준은 대번에 중풍임을 알아차렸다. 환자는 한쪽 몸이 마비되어 움직이지 못했다.

허준은 성심껏 진맥한 다음 말했다.

"냄새나는 물건을 모두 밖으로 꺼내 방 안의 공기를 맑게 해 주십시오. 그리고 병자를 돌보는 동안은 이 방 출입을 삼가 주시고 한 사람만 남아 저를 돕도록 해 주십시오."

그 날 밤부터 허준은 정성을 다하여 병자를 치료했다.

먼저 약을 달여 환자에게 먹임으로써 몸에 원기를 주었다.

환자가 어느 정도 기운을 차린 다음에야 비로소 침*을 놓기 시작했다.

학습 도움말

침
사람이나 동물의 혈을 찔러 병을 다스리는 데에 쓰는 바늘. 침술은 동양 의학의 치료술의 한 가지로서, 경혈에 침을 찔러 신경을 흥분시키거나 억제하여 자연 치유 작용을 왕성하게 하는 치료법이다.

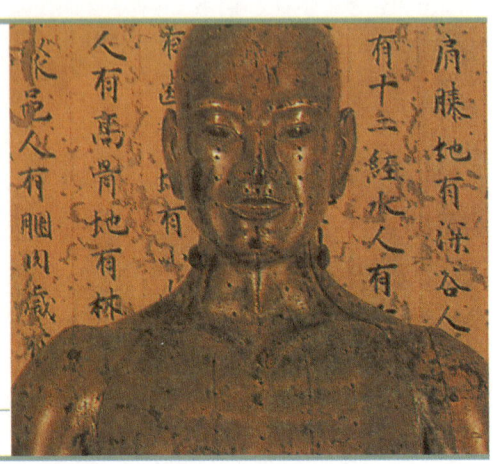

침을 놓을 경혈을 표시한 인체 모형

좁쌀보다도 더 작은 혈을 찾아 정확하게 침을 놓아야 했기 때문에 침 놓는 데 오랜 시간이 걸렸다. 허준은 머리에서 발끝까지 정확하게 침을 놓았다.

새벽이 되어 닭이 울 때에야 비로소 침 놓는 일이 끝났다.

침을 맞은 병자는 깊은 잠에 빠져들었다.

"후유!"

허준은 안도의 숨을 내쉬었다.

이제 할 수 있는 방법은 다한 셈이다. 남은 것은 병자의 용태를 살펴 가며 약을 달여 먹이는 것뿐이었다.

곧 뒤따라온다던 스승은 7일이 지나도 나타나지 않았다. 유의태가 오지 않는 것은 자신을 믿기 때문이라고 허준은 생각했다.

8일째가 되는 날이었다. 드디어 병자가 마비된 팔과 다리를 조금씩 움직이기 시작했다.

열흘째 되던 날 새벽이었다.

"대감마님!"

하인의 다급한 목소리가 들려왔다. 성 대감은 불길한 생각이 들어 자리에서 벌떡 일어났다.

"무슨 일이기에 이 소란이냐?"

"대감마님, 어서 안채로……!"

성 대감은 가슴이 철렁 내려앉았다.

성 대감은 의복을 챙겨 입고 급히 안채로 달려갔다.

그런데 어제까지만 해도 겨우 팔과 다리만 움직이던 아내 정경 부인이 엉거주춤 서 있는 게 아닌가!

"왼쪽 발을 드십시오. 이번에는 오른쪽……."

정경 부인은 허준이 하라는 대로 한 걸음씩 발을 내딛고 있었다.

"아니, 이럴수가! 어머니!"

감격한 아들과 며느리, 딸이 눈물을 흘리며 외쳤다.

성 대감도 체면을 잊고 허준의 손을 덥석 잡으며 말했다.

"허 의원, 정말 고맙소!"

허준은 감격의 눈물을 흘렸다.

'해냈어! 드디어 나 혼자서 해냈어.'

성 대감은 허준에게 자신의 집에서 며칠 더 머물러 주기를 권했으나 허준은 사양했다.

떠나기 하루 전날 성 대감이 허준을 불러 조용히 말했다.

"허 의원, 내 자네의 은혜에 보답하는 의미에서 뭔가 해 주고 싶은데 바라는 것이 있으면 말해 보게."

"대감, 말씀만으로도 고맙습니다. 소인은 그저 의원으로서 마땅히 해야 할 일을 한 것뿐입니다."

"유의태가 제자 하나는 잘 키웠구먼, 허허허. 그런데 자네는 앞으로 무엇을 할 셈인가?"

"네, 내의원 취재에 응시할까 합니다."

갑자기 성 대감의 얼굴이 밝아졌다.

"오, 그래! 그렇다면 내가 도제조에게 자네를 합격시키도록 소개장을 써 주겠네."

성 대감은 말을 끝내자마자 그 자리에서 소개장을 써서 허준에게 건네 주었다.

허준은 소개장을 받아 들고 산음으로 돌아왔다.

산음에 당도하자마자 허준은 스승 유의태를 찾아가 그 동안의 일을 자세하게 보고했다.

유의태는 허준이 병자를 치료한 이야기를 들을 때만 해도 흐뭇해했다. 하지만 소개장 이야기에 이르자 표정이 달라졌다.

"당장 소개장을 내놓아라. 음……."

소개장을 받아 읽은 유의태는 그것을 발기발기 찢어 버렸다.

"스, 스승님!"

유의태의 얼굴은 얼음장같이 차가웠다.

"세상이 아무리 어리숙하다 해도, 사람의 목숨을 다루는 의원을 사사로운 인정 따위로 합격시킬 수는 없다. 알겠느냐?"

"네……. 하오나……."

"너처럼 어리석은 놈을 내 제자로 삼은 것이 부끄럽구나."

유의태는 냉담하게 말했다.

"너는 네 스스로 하려 하지 않고 남의 손에 의해 출세하려고 했다. 그 순간부터 이미 너는 나를 배신한 것이니, 이제 너와 나의 사제 관계는 끝났다. 내 집에서 썩 나가거라."

"스승님! 한 번만 용서해 주십시오."

"닥쳐라, 이놈. 두 번 다시 보고 싶지 않다."

유의태는 자리를 박차고 나가 버렸다.

허준은 날벼락을 맞은 기분이었다. 유의태의 집에서 쫓겨난 이후 허준은 집에만 처박혀 지냈다.

옛정을 생각해서 유의태가 다시 불러 주기만을 고대했으나 보름이 가고 한 달이 지나도 아무런 소식이 없었다.

허준은 너무 괴로워 산음 땅에 머물기가 싫었다. 그래서 며칠 바람을 쏘이고 오겠다며 집을 나섰다.

허준은 삼적사를 향해 부지런히 걸었다. 김민세에게 자기의 답답한 심정을 털어놓기 위해서였다.

허준은 해질 무렵에야 삼적사에 도착했다.

큼직한 너와집* 안에 불상이 안치되어 있었고, 그 앞에서 김민세가 저녁 예불을 드리고 있었다.

"왔군."

김민세는 허준이 올 것을 예상이라도 한 듯이 자연스럽게 자리에서 일어나 허준을 맞았다.

"스승을 원망하지는 말게!"

"아닙니다. 저는 크게 뉘우치고 있습니다."

너와집

원래는 너새집이라고 한다. 오래 된 소나무를 길이 70센티미터쯤 되게 잘라 이것을 세운 후에 도끼로 쪼갠 다음 크기 20~30센티미터, 두께 5센티미터 안팎으로 만든 너와(너새)라고 불리는 널빤지를 잇대어 지은 집이다. 주로 강원도 지방에 있는 토속 가옥이다.

강원도 삼척군에 있는 너와집

"그럴 테지."

"저는 이 길로 들어선 이상 의원의 길을 버릴 수는 없습니다. 대사님, 스승님이 저를 다시 부르도록 도와 주십시오."

"내가 왜 자네 심정을 모르겠나. 하지만 자네 스승은 워낙 대쪽 같은 사람이라서 좀 힘들 것 같군."

"대사님, 제발 부탁드립니다."

"의원으로 나아가는 길에는 어떤 묘방이 따로 없고 오직 정성을 다하는 마음에 있는 것일세."

"깊이 명심하겠습니다."

김민세는 허준을 위로해 준 다음, 의원으로서 가져야 할 자세에 대해서 여러 가지로 얘기해 주었다.

허준은 이 날 김민세로부터 들은 교훈을 평생 동안 가슴 속에 지니고 살았다.

공부방

내의원

　조선 시대에 궁중의 약을 조제하던 관청을 말한다. 태종 때 왕실이 복용할 약을 만드는 일을 맡은 기관으로 내약방이 있었는데, 1443년(세종 25년) 6월 이조의 건의를 받아들여 내약방을 내의원이라 칭하고 관원 16명을 두었다. 1466년(세조 12년) 1월 관제 개혁 때 내의원 소속 관직으로 정·첨정 각 1명, 판관·주부 각 2명, 직장 3명, 봉사·부봉사·참봉 각 2명씩을 두었다.

　〈경국대전〉에 법제화되면서 관제는 그대로 두고 관원 수만 조절했다. 특히 도제조·제조·부제조를 각 1명씩 두었는데 부제조는 승지가 겸임했다. 1885년(고종 22년) 전의사, 1895년 태의원으로 바뀌었다.

중풍

　뇌출혈 발작 증후군으로 뇌졸중·뇌일혈·뇌혈전·뇌혈관 발작이라고도 한다. 뇌의 어떤 부분에 혈액 공급량이 줄어들거나 뇌출혈에 의해 생기는 증후군으로, 몸의 한쪽이나 양쪽 모두가 일시적 또는 영원히 마비되며, 말을 하거나 음식을 먹기도 힘들어지고 몸이 마음대로 움직이지 못한다.

　발작은 뇌에 혈액 공급이 줄어드는 것만을 뜻하고 뇌졸중은 뇌출혈을 의미하는 것으로 서로 구분해서 사용하기도 하나, 두 경우 모두 뇌 조직의 일부가 죽는 뇌경색이 나타난다.

　한의학에서는 혼수 상태에 따르는 증세 중에 코를 계속 골 때는 폐장 기능이, 눈을 뜨고 감지 못할 때는 간장 기능이, 입을 벌리고 다물지 못할 때는 심장 기능이, 손을 쫙 펴고 있을 때는 비장 기능이, 대소변을 가리지 못할 때는

콩팥 기능이 각기 제기능을 다하지 못하기 때문에 극히 위험한 조짐으로 보며, 이런 증세의 깊음과 횟수에 따라 치료의 여부, 생사의 여부를 판단한다. 치료로는 한약 구급 회생제로 우황청심원, 지보단 등이 쓰인다. 여기에 침을 같이 쓰면 좋다.

대청

우리 나라의 재래 건축에서 사가 또는 관가에서 많이 쓰는 집 가운데에 있는 마루로 된 방을 말한다. 대청마루라고도 한다.

중부 지방과 도시 주택의 사가에서 볼 수 있는 것으로, 방과 방 사이의 공간을 말하며 별다른 장식이 없다. 한편 관가 또는 제각의 대청은 그 규모가 훨씬 클 뿐만 아니라 난간과 천장에 여러 가지 조각과 함께 붉고 푸른 색을 칠했다.

상류층의 주택에서는 보통 안채에는 안대청이 있고, 사랑채에는 사랑대청이 있는데, 공간적인 측면에서 다른 방을 지배하는 중심적 생활 기능을 가지고 있었다. 사랑대청도 사랑방과 건넌방을 비롯하여 누마루를 출입하는 중심 공간으로 안대청과 마찬가지로 가까운 사람들만 출입할 수 있었다.

대청마루

깨어진 꿈

1574년(선조 7년) 4월 초에 한성에서 내의원 취재가 있었다.

허준은 취재에 합격할 뜻을 품고 열심히 공부했다.

그 해 3월 하순, 허준은 취재를 열흘 앞두고 한성을 향해 떠났다.

발걸음을 재촉하여 집을 떠난 지 닷새하고 반나절 만에 충청도 진천에 도착했다. 이제 나흘이면 거뜬히 한성까지 갈 수 있을 것이다.

허준은 한숨 돌리려고 어느 주막으로 들어갔다.

그 주막에는 유의태의 아들 유도리를 비롯한 젊은 의원들이 이미 도착하여 쉬고 있었다.

그 날 밤이었다.

밖이 시끌시끌하더니 한 여자의 울음소리가 들려왔다.

"제 남편 좀 살려 주세요! 여기 묵고 계신 의원님들, 제발 죽어 가는 제 남편을 살려 주세요!"

주모가 여인에게 말했다.

"사정은 딱하지만 안에 계신 분들은 한성에 시험 보러 가야 하기 때문에 내일 아침 일찍 출발해야 한다오. 그런데 어찌 깨우겠소?"

여자는 더욱 큰소리로 울며 애걸했다.

"제발 부탁이에요. 사람이 죽어 가고 있어요, 엉엉!"

그러자 이 방 저 방에서 의원들의 노한 목소리가 터져 나왔다.

"이놈의 집구석이 왜 이리 시끄러운고!"

그 소리를 듣자 여자는 그만 주저앉아 버렸다.

허준은 더 이상 듣고만 있을 수가 없어 얼른 봇짐을 메고 밖으로 나왔다.

"자, 어서 갑시다. 앞장 서시오."

"아이고, 의원님. 정말 고맙습니다."

여자는 서둘러 길을 걸었다. 그런데 여자가 가는 길은 하필이면 한성과는 반대쪽이었다.

한참 만에 집에 도착한 여자가 안에 대고 소리쳤다.

"여보, 의원님을 모셔 왔어요."

여자는 급히 방 안으로 들어가 불을 밝혔고, 허준은 뒤따라 들어가 병자의 상태를 살폈다.

첫눈에 간에 이상이 있음을 알 수 있었다.

허준은 우선 침을 놓았다. 그리고 손쉽게 구할 수 있는 약재를 달여서 먹였다.

병의 차도까지는 볼 수 없는 노릇이었다.

허준은 부인에게 처방을 알려 주고는 길을 떠나려고 마당을 나섰다.

그런데 이게 웬일인가.

어느 새 소식을 듣고 달려온 수십 명의 병자들이 땅에 무릎을 꿇고 앉아 있었다.

허준은 그만 아찔했다.

'이를 어쩌나!'

하지만 갈등은 잠시뿐이었다. 허준은 팔을 걷어붙이고 병자들을 돌보기 시작했다.

'의원으로서 자비심을 버린다면 그건 이미 의원의 길을 포기하는 거나 마찬가지다.'

허준은 김민세가 일러 준 말을 되새겼다.

한 사람, 두 사람…….

시간이 자꾸 흘렀다. 병자들이 계속 찾아와서 좀처럼 그 수가 줄지 않았다.

허준은 이틀 동안이나 밤을 새웠다.

이제 취재에 남은 시간은 이틀 반뿐이었다.

그래서 다음 날 새벽 허준은 돌아올 때 다시 들러 병을 보아 주겠노라고 약속하고 마을을 떠나려고 했다.

그 때 갑자기 포졸들과 함께 말을 탄 사또가 나타났다.

"당신이 마을 사람들의 병을 돌보아 준 의원이오?"

"네. 그러하옵니다."

"병든 사람들을 돌보느라 시간을 빼앗겨 시험에 늦겠소. 내 그대에게 말 한 필을 줄 테니 어서 빨리 시험장에 도착할 수

충청 북도 진천읍(왼쪽)과 초평 국민 관광 단지(오른쪽). 허준은 내의원 취재 시험에 응시하지 못하자 다시 진천으로 돌아와 병자들을 돌보았다.

있도록 하시오."

"고맙습니다."

허준은 사또에게 서둘러 인사하고 한성을 향해 급히 말을 몰았다.

그러나 하루에 200여 리를 달려야 하는 거리였다. 천리마가 아닌 바에야 도저히 불가능한 일이었다.

허준은 거친 숨을 몰아쉬며 말을 재촉하여 번개같이 달려 한성에 도착했다. 그러나 시험 장소인 내의원 정문은 이미 굳게 닫혀 있었다.

허준은 문에 달라붙어 소리쳤다.

"이 문 좀 열어 주시오!"

그러자 육중한 문이 열리면서 두 명의 관졸이 나타났다.

"거, 무슨 일이오?"

"내의원 시험을 치고자 온 사람이오. 사정이 있어 늦었으니 좀 들여보내 주시오."

"이 자가 정신 나갔군. 썩 물러가라."

"이보시오!"

"……"

허준은 그만 땅바닥에 주저앉아 버렸다.

그 이틀 후 내의원 정문에는 취재에 합격한 사람들의 이름이 붙었다.

그 중에는 유도리의 이름도 있었다.

유도리는 합격 발표 후 한 달 만에 내의원 관복에 첩지를 안고 고향 집으로 돌아왔다.

유의태는 마당까지 달려나와 금의 환향하는 아들을 반갑게 맞았다.

한편 시험에 응시도 못한 허준은 약속대로 다시 충청도 진천

버드네 마을로 가서 병자들을 돌보았다.

이 즈음 산음에는 한 가지 소문이 돌았다.

'내의원 취재에 응시하기 위해 한성으로 가던 산음의 한 의원이 충청도 진천에서 병자들을 치료해 주느라고 발이 묶여 취재에 응시할 기회를 잃어 버렸는데, 그 의원의 이름이 허준이라고 한다.'

그 동안 아들의 소식을 몰라 애태우던 허준의 어머니와 아내는 이 소문을 듣고 한시름을 놓았다.

두 사람은 허준이 비록 시험을 못 보았지만, 환자들을 돌봐 준 것이 자랑스러웠다.

유의태 역시 소문을 듣고 기뻐했다.

그러다가 유의태는 문득 아들 유도리의 행적이 궁금해졌다.

유의태는 아들을 불렀다.

"도리야, 요즘 항간에 떠돌고 있는 소문을 들었느냐?"

"무슨 소문 말씀입니까?"

"허준의 이야기 말이다."

"네, 사실입니다."

"그렇다면 너도 허준의 행적을 알고 있었단 말이냐?"

"그럼요, 바로 같은 주막에 있었는걸요."

"아니, 뭐라고? 그러면서도 너는 그 많은 병자들을 허준에게만 맡겼단 말이냐?"

"……"

"이 천하에 못된 놈 같으니라고!"

"……"

"내가 아들을 잘못 키웠구나. 네 이놈, 내 앞에서 썩 꺼져 다시는 나타나지도 마라."

"아버님, 잘못했습니다. 용서해 주십시오."

"너를 키운 아비로서 내 자신이 부끄럽다. 한성으로 가거든 다시는 고향에 올 생각은 말아라."

유의태는 냉정하게 돌아앉으며 말했다.

그로부터 보름쯤 지났을 때, 피로에 지친 몸을 이끌고 허준이 집으로 돌아왔다.

"아비가 이제야 돌아왔구나."

"여보, 어서 오세요."

어머니와 아내가 허준을 기쁘게 맞아 주었다.

허준은 집으로 돌아오자마자 내년에 있을 내의원 시험을 위해 다시 공부를 시작했다.

그로부터 며칠이 지난 후 유의태가 허준을 불렀다.

허준으로서는 너무도 뜻밖의 일이었다.

"스승님, 그간 안녕하셨습니까?"

"그래, 너는 요새 어떻게 지내느냐?"

"특별히 하는 일 없이 지내고 있습니다."

"그렇다면 나와 함께 환자를 돌보는 것이 어떻겠느냐?"

"그럼 저를 다시 제자로 받아 주신다는 말씀입니까?"

"오냐, 정성을 다하여 환자를 돌보도록 해라."

허준은 감격의 눈물을 흘렸다. 내의원 시험에 합격한 것보다 훨씬 더 기뻤다.

한성

조선은 개국하자 1394년(태조 3년) 한양을 도읍지로 정했다. 이듬해 종묘가 완공되어 신위가 봉안되고, 경복궁이 낙성되어 왕실의 거처가 안정되었다. 또한 같은 해 태조는 신도읍지의 이름을 한성부로 바꾸고 관직을 정비했다.

한성부는 도성의 북쪽은 백악산(북악산), 남쪽은 목멱산(지금의 남산), 동쪽은 낙산, 서쪽은 인왕산을 중심으로 능선을 따라 각 지역을 연결하도록 계획되었다. 도성의 축조와 함께 4대문과 4소문이 건축되었고 1396년 행정 구획이 완성되었다. 성 안을 동·서·남·북·중부의 5부로 크게 나누고, 성 밖을 도성에서부터 사방 10리가 되는 지역까지 한성부의 관할 지역으로 정했다.

그 뒤 정종 때 도읍을 개경으로 옮기기도 했으나, 1405년(태종 5년) 한양으로 다시 도읍을 옮겼다.

조선 초기에 기본 구조를 갖추어 건설된 한성은 1910년 경술국치 때까지 외형적인 변화는 거의 없었다. 한성부는 1895년 한성군으로 명칭이 바뀌었다가 이듬해 다시 한성부로 바뀌어 1910년까지 지속되었다.

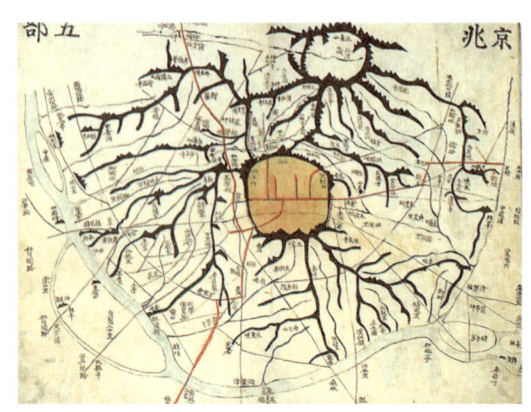

대동여지도의 한성 부분

임진왜란

1592년(선조 25년)부터 1598년까지 2차에 걸쳐서 조선에 침입한 일본과의

　싸움을 말한다. 1차 침입이 임진년에 일어났으므로 임진왜란이라 부르며, 2차 침입은 정유년에 일어나 정유재란이라 일컫는데, 일반적으로 임진왜란이라면 정유재란까지 포함해서 말한다. 이 왜란을 일본에서는 '문록경장[분로쿠 게이초]의 역'이라 부르고, 중국에서는 '만력의 역'이라 부른다.

　1592년 4월 조선과의 교섭이 결렬되자, 도요토미 히데요시는 바로 원정군을 편성하고 조선 침공을 명령했다. 이 때 일본군의 숫자는 무려 20여 만 명이나 되었다. 일본 수군과의 첫 해전에서 경상 우수사 원균이 크게 패했으나, 원균의 구원 요청을 받은 이순신은 거북선을 이끌고 경상도 해안에서 일본 수군을 격파했다. 1차는 옥포에서, 2차는 사천·당포에서, 3차는 한산섬 앞바다에서, 4차는 부산 해전에서 일본의 수군을 대파하는 큰 전과를 올려 제해권을 완전히 장악했다.

　이와 같은 해상에서의 이순신 장군의 활약에도 불구하고 육상에서 이일, 신립 등이 계속 패함으로써 선조는 의주로 피신했으며, 뒤에 명나라의 원병과 권율 등의 반격으로 일단 화의가 되었으나 왜군은 1597년(선조 30년)에 재침하여 1598년에 물러갔다.

한산도 대첩

천황산 얼음 계곡

허준은 환자들을 치료하며 바쁜 나날을 보냈다.
어느 날 유의태가 외출복 차림으로 집을 나서며 말했다.
"내 잠시 다녀올 곳이 있으니 그 동안 내 대신 환자들의 진찰을 부탁한다."
"네, 염려 마시고 다녀오십시오."
유의태는 다른 제자 한 명을 데리고 떠났다.
사흘이 지났을 때 김민세와 안광익이 찾아왔다.

"이 집 주인은 어디 갔는고?"

"네, 사흘 전에 어디에 다녀오신다고 떠나셨습니다."

"그래? 그렇다면 조상들의 산소나 한 바퀴 돌아보고 올 모양이군. 잠시 쉬면서 기다리도록 하지."

두 사람은 스스럼없이 사랑채에 올랐다.

그런데 그 날 해질 무렵, 기다리던 스승은 오지 않고 함께 떠난 제자만 돌아왔다.

제자가 허준에게 편지 한 통을 전했다.

허준은 안부 편지려니 생각하고 봉투를 뜯었다.

그러나 거기에는 아무 글도 적혀 있지 않았다. 다만 자세하게 그려진 지도 위에 '천황산 얼음 계곡*'이라고만 표시되어 있었다.

"그래, 스승님께서 뭐라 하시던가?"

안광익이 제자에게 물었다.

"네, 병자들을 돌보는 일을 제쳐놓고 꼭 한 번 다녀가라고 하셨습니다."

김민세와 안광익이 허준에게 물었다.

"어떻게 할 셈인가?"

"곧 떠나겠습니다."

"우리도 함께 가지."

세 사람은 이렇게 해서 길을 떠났다.

어두컴컴한 산길을 세 사람은 밤새 걸었다.

일행이 걸음을 재촉하여 밀양 얼음골에 도착한 것은 다음 날 새벽 서너 시경이었다.

"이 근방 어디인데……. 저기 불빛이 보입니다."

"사람이 누워 있네."

"스, 스승님!"

허준의 말에 김민세가 놀라 소리쳤다.

학습 도움말

천황산 얼음 계곡

경상도 천황산에 가면 얼음골이라는 곳이 있다. 기묘한 지형 탓으로 계절과는 반대로 여름에는 얼음이 얼고, 겨울에는 김이 서린다고 한다.

산세가 아름다워 '삼남 금강'이라고도 불리는 천황산

"이 사람, 장난이 심하군."

그러나 일행은 순간 멈칫했다.

피 냄새였다!

다시 바라보니 유의태의 왼손 정맥에 칼자국이 나 있고, 대야는 온통 핏물이었다.

"이보시게! 어인 일인가?"

안광익이 소리쳤다.

"스승님!"

허준이 무너지듯 그 자리에 쓰러졌다.

안광익은 얼른 유의태의 손을 잡아 올렸다.

"이럴 수가……."

김민세와 안광익은 그만 넋을 잃고 멍하니 동굴 천장을 바라보았다.

다시 유의태에게 눈길을 돌리니 그의 머리맡에 의료 기구인 듯한 연장과 봉투 하나가 놓여 있었다.

울부짖는 허준을 향하여 안광익이 말했다.

"읽어 보게. 자네에게 남긴 유언인 듯하네."

김민세가 봉투를 집어 주었다.

허준은 떨리는 손으로 봉투를 열어 편지를 꺼냈다.

허준 보거라!

나의 죽음을 누구보다도 서러워할 사람이 너임을 알고 너에게 이 글을 쓴다.

불행하게도 나는 수년 전부터 불치병을 앓고 있었다. 그러나 병의 정체를 캐낼 여력이 없어 이 지경에까지 이르렀다.

이미 내게는 어떤 능력도 기대할 수 없으니 네가 세상의 어떤 병도 낫게 할 만병 통치의 의원이 되기를 빌며 병든 몸이나마 너에게 줄 것을 결심했다.

오장과 육부

사람 내장의 총칭. 오장은 다섯 가지 내장으로서 간장, 심장, 폐장, 신장, 비장을 말하며, 육부는 여섯 가지 기관으로 대장, 소장, 위, 쓸개, 방광, 삼초를 말한다.

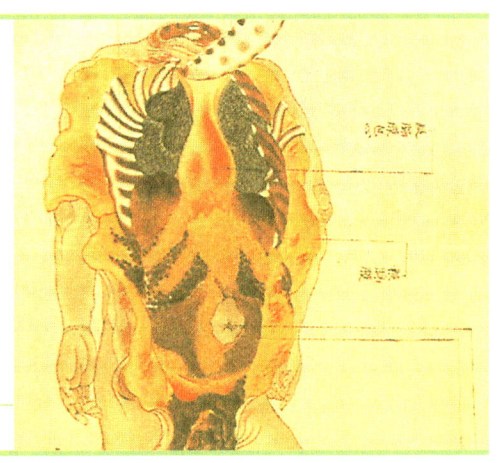

18세기경 동양 남자의 해부도

이 무더위 속에서 내 몸이 썩기 전에 몸을 가르고 살을 찢어 오장과 육부*의 생김새와 기능을 똑똑히 살펴보아라. 사람의 몸 속에 퍼진 365마디의 뼈가 얽히는 이치와 머리, 손끝, 발끝까지 퍼진 열두 경락과 요소를 살펴봄으로써 네 발전에 보탬이 되기를 바란다.

편지를 읽은 허준은 스승의 시신 앞에 엎드려 울부짖었다.

김민세가 조용히 의료 기구를 펼쳤다. 그리고 예리한 칼 하나를 허준에게 건네며 말했다.

"자, 어서 이 칼을 집게. 스승의 죽음이 작게는 자네에게, 크게는 이 세상 모든 사람에게 베푼 은혜임을 알아야 하네. 어서 칼을 받게."

"압니다. 하지만 제가 감히 어떻게……."

"해야 하네. 우리 몸 속에 찾아드는 어떤 작은 병이라도 잡아내겠다는 결심으로 하게."

허준이 마침내 칼을 잡았다.

"극락 왕생하시게! 나무 아미타불!"

김민세와 안광익이 합장을 한 채 지그시 눈을 감았다. 두 사

람의 눈에서 눈물이 흘렀다.

　허준의 손이 천천히 유의태의 목으로 옮겨 갔다.

　칼을 잡은 손이 떨렸다.

　허준은 천천히 해부를 시작했다.

　허준이 해부 작업을 끝낸 것은 얼음골에서 지낸 지 사흘째가 되는 날이었다.

　"다 마쳤는가?"

　김민세와 안광익이 다가왔다.

　"네, 다 마쳤습니다."

　"무엇을 보았는가?"

　"사람을 보았습니다. 겉으로만 보던 것이 아닌 사람의 모든 것을 보았습니다."

　"애 많이 썼네."

　안광익이 허준의 어깨를 두드리며 말했다.

　허준은 하늘을 우러르며 다짐했다.

　'천지 신명이시여, 제 맹세를 들으소서. 만일 제가 스승님이 저에게 베풀어 주신 은혜를 한 치라도 저버린다면 저를 벌하소서!'

그로부터 아홉 달이 지난 1575년(선조 8년) 4월, 내의원 취재에 응시한 허준은 1등으로 합격했다.

허준의 나이 스물아홉 살이었다.

내의원 취재에 합격하자마자 허준은 정8품 봉사에 임명되어 혜민서*에 근무하게 되었다.

단오절이었다.

궁중에서는 임금님께 드릴 부채를 만들고 내의원에서는 제호탕과 옥추단을 드릴 준비로 바빴다.

이 때 공빈의 처소에 있는 내시가 급히 달려와 어의를 찾았다.

"어의는 어디 계시오?"

혜민서
삼의원의 하나. 조선 시대에, 가난한 백성을 무료로 치료하고 여자들에게 침술을 가르치는 일을 맡아보던 관아를 이른다. 1466년(세조 12년)에 혜민국을 고친 것으로, 1882년(고종 19년)에 없앴다.

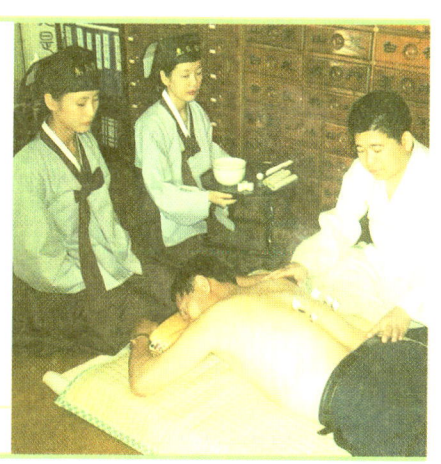

하회 마을에 등장한 혜민서

"무슨 일이오?"

어의 양예수가 나와 물었다.

"공빈께서 찾으십니다. 공빈의 남동생이 구안와사가 났다고 합니다."

양예수는 침술과 탕약을 준비해서 공빈의 남동생에게 갔다. 그리고 나흘 만에 입과 눈이 한쪽으로 돌아간 보기 흉한 병을 고쳤다.

그런데 기뻐한 지 며칠이 지나지 않아 다시 눈과 입이 돌아가 버렸다.

"나는 이렇게 흉한 꼴로는 살 수 없어! 차라리 이 자리에서 죽고 말겠어."

공빈의 동생은 펄펄 뛰었고 공빈은 크게 분노했다.

그 때 판관 정작과 내의원 이공기, 이명원 등이 허준을 추천했다.

그리하여 허준은 처음으로 왕실의 병자를 진찰하게 되었다.

"구안와사는 까다롭지만 어려운 병은 아니옵니다. 하오나 병자는 그 외에도 번위(위암)의 증세가 있으니 뜸으로 치료를 해야 하옵니다."

12세기 중국의 화가 이당이 그린 구여도. 병자의 뜸을 뜨는 장면을 잘 묘사하고 있다.

"그렇다면 며칠이나 걸리겠소?"

공빈이 허준에게 다짐을 받으려 했다.

"병자가 제 말을 잘 따라 준다면 사흘이면 가능합니다."

허준은 밤새워 직접 약을 달이고 뜸을 뜨며 정성을 다해 치료했다.

드디어 약속한 사흘이 되었다. 하지만 병자는 차도가 없고 오히려 뜸뜬 자리가 짓무르고 부어올랐다.

그것을 본 양예수가 소리쳤다.

"이 자를 정청으로 끌어 내라!"

101

양예수의 심복이 허준의 팔을 우악스럽게 잡아끌어 양예수 앞에 무릎을 꿇렸다.

양예수가 허준에게 말했다.

"네 죄를 알렷다!"

"아옵니다."

"그렇다면 네 직위를 박탈하고, 감옥에 가두더라도 할 말이 없겠지?"

"그렇습니다."

허준은 담담하게 대답했다.

이 때, 공빈의 상궁과 내시가 급히 달려오며 외쳤다.

"되었습니다. 치료가 다 되었습니다!"

여러 사람의 입에서 안도의 한숨과 기쁨의 환호성이 터졌다.

"허 의원, 어서 갑시다. 마마께서 찾으십니다."

이 일을 계기로 선조의 신임을 받은 허준은 다시 종7품으로 올랐고, 공빈의 두 왕자를 돌보게 되었다.

허준은 왕실 사람들이 병이 날 때마다 불려가 치료하여 낫게 했다.

궁궐에서의 생활이 안정되자, 허준은 의학 서적을 개편하여 정리할 결심을 했다.

어느 날 선조가 허준을 불렀다.

"내 듣기로는 허 의원이 내의원에 비치된 책들을 많이 읽고 연구한다던데 그게 사실이오?"

"그러하옵니다."

"그래, 읽어 볼 만한 의서가 있던가?"

"대부분이 중국에서 온 의서들로 잘못 씌어진 곳도 있고, 복잡하여 이해하기 어려운 것이 많습니다. 또한 우리 나라와 상황이 다르기 때문에 치료 방법도 우리 나라 사람들에게 맞게 조금씩 달라져야 할 줄로 아옵니다."

"그러면 그 책들을 우리 나라 사람들에게 맞게 고쳐 보는 것이 어떻겠소?"

"소인 역시 그 일을 계획하고 있었습니다. 어명을 좇아 열심히 해 보겠습니다."

허준은 중국 의학 서적들을 우리 나라 기후와 풍토, 체질에 맞게 개편하여 알기 쉽게 정리했다.

이어서 중국 고양생이 지은 〈찬도맥결〉을 〈찬도방론맥결집성〉으로 개편했고, 임원준의 〈창진집〉을 한글로 번역하고 내

용을 첨가하여 〈언해두창집요〉라는 이름으로 펴냈다.

이러한 일 외에도 허준은 후궁 인빈이 낳은 왕자의 두창을 치료하여 정6품 주부에 임명되기도 했다.

이 무렵 왜가 조선으로 쳐들어왔다. 우리 역사상 가장 참담했던 임진왜란이 일어난 것이다.

허준은 북쪽으로 피난하는 임금의 행렬을 따라서 그 동안 연구해 온 서적들도 함께 옮겼다.

개성으로 피신한 임금 곁에서 약을 달여 올리고, 의주까지 함께 가서 임금과 왕실의 건강을 돌보았다.

이렇게 하여 허준은 정3품 통훈 대부 어의 자리에까지 올랐고 초성 공신이라는 훈호까지 받았다.

1596년(선조 29년) 1월에 선조는 다시 한성으로 돌아왔다. 선조는 황폐한 나라 걱정에 밤잠을 이루지 못했다.

이 때 허준은 자신이 구상한 의학 서적을 편찬할 것을 선조에게 아뢰었다.

"상감마마! 많은 백성들이 병고에 시달리고 있으나 참고할 의학 서적이 없는 실정입니다. 그러니 우리 실정에 맞고 손쉽게 활용할 수 있는 의서를 만들도록 허락해 주소서."

선조는 쾌히 승낙했다.

이 때부터 허준은 방대한 의학 서적 편찬에 착수했다.

그러나 그것도 잠깐이었다.

다시 왜가 조선으로 쳐들어왔기 때문이다. 이것이 정유재란이다.

선조는 피난을 가지 않고 한성에 남았다.

사태가 위급해지자 조정의 대신은 물론 내의원 의원들도 모두 피난을 가 버렸다. 그러나 허준은 끝까지 선조를 모시며 의학 서적 편찬을 계속했다.

정유재란은 1년 동안 계속된 후 끝났다.

"오직 그대만이 내 곁에 있어 주었군!"

선조는 허준에게 깊은 고마움을 표시했다.

그로부터 6년째가 되는 1606년(선조 39년)에 선조는 허준에게 양평군이라는 벼슬을 내렸다.

이것은 서자 신분인 허준으로서는 감히 바라볼 수 없는 벼슬이었다.

허준은 사양했으나 선조는 끝내 고집을 꺾지 않았다.

그러던 중 1608년(선조 41년) 선조가 왕위에 오른 지 41년 만에 병으로 세상을 떠났다.

그래서 그 뒤를 이어 광해군*이 왕위에 올랐는데, 광해군은 선왕의 죽음을 허준의 책임이라 하여 그의 벼슬을 빼앗고 귀양살이를 시켰다.

허준은 귀양살이를 하면서도 의학 서적의 편찬을 멈추지 않았다.

그리하여 1610년(광해군 2년) 8월에 마침내 책을 완성했다. 서적 편찬에 손을 댄 지 15년 만이었다.

허준은 책의 이름을 무엇으로 할까 고민했다.

"그래, 동쪽 나라의 우수한 의학책이니 〈동의보감〉이라고 하

학습도움말

광해군
조선의 제15대 왕으로서 당쟁에 휩쓸려 임해군, 영창 대군을 역모로 몰아 죽이고, 인목 대비를 유폐하는 등 패륜을 많이 저질렀다. 정치가 문란해지자 인조 반정으로 폐위되었다.

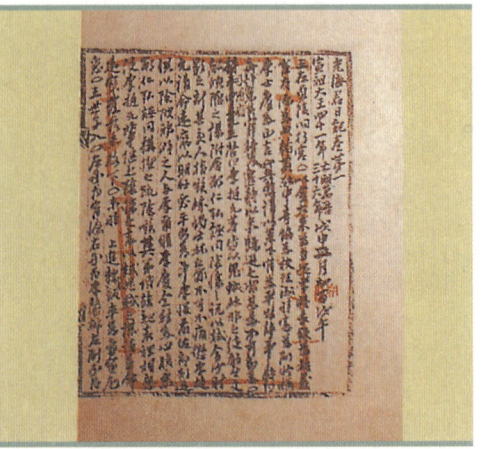

인조 2년에 편찬된 〈광해군 일기〉

자."

허준은 25권으로 완성된 〈동의보감〉을 광해군에게 바쳤다.

광해군은 크게 기뻐하여 허준에게 다시 벼슬을 내리려고 했으나 허준은 사양했다.

허준은 이 밖에도 병의 원인을 밝히고 치료법을 적은 〈신찬벽온방〉, 병의 원인·증세·처방전을 간단하게 적은 〈벽역신방〉 등 많은 의학 서적을 펴냈다.

〈동의보감〉이 완성된 지 2년째가 되는 1615년 8월 13일, 우리 민족의 의성 허준은 조용히 눈을 감았다.

허준의 생애
1546~1615

허준은 경기도 김포에서 양반 허론의 서자로 태어나 내의원 의관이 된 명의이다. 임진왜란 때는 어의로서, 임금의 건강을 돌보고 병이 난 신하들을 치료했다. 그리고 1609년에는 선조 임금이 승하하자 그 책임을 지고 귀양살이를 했으며, 귀양지에서 의학서 집필을 계속하여 최대의 명저 〈동의보감〉을 완성하기에 이른다.

許浚

1546년
경기도 김포에서 양반 허론의 서자로 태어났다. 스무 살쯤 되어 결혼을 하고 신분의 속박을 벗어나려고 경상도 산청으로 가서 명의 유의태의 제자로 들어가 의학과 의술을 연마했다.

1574년
의과 시험에 합격하여, 내의원 의관으로 근무했다. 어린 왕자의 중한 병을 고쳐, 대궐 안에서 명의로 이름이 났다. 이후 선조 임금과 왕실 사람들의 병을 치료하며 임금의 총애와 신임을 받았다.

1581년
중국의 의학서 〈찬도맥결〉을 알기 쉽게 다시 고쳐 쓴 〈찬도방론맥결집성〉이라는 책을 펴냈다.

1592년
임진왜란이 일어나 임금이 의주로 피난할 때 어의로서 임금을 호위, 갖은 어려움 속에서도 끝까지 임금의 건강을 돌보고 병이 난 신하들을 치료했다.

1596년
선조 임금의 명을 받고, 내의원 의관들과 함께 새로운 의학서 〈의방신서〉를 편찬하기 시작했다. 다음 해 정유재란이 일어나 신하들과 다른 의관들이 모두 피난을 떠난 뒤, 혼자 대궐에 남아 선조 임금을 돌보며 〈의방신서〉를 계속 편찬했다. 그러나 전란 속에서 완성을 보지는 못했다.

1598년
선조 임금의 명으로 새로운 의학서 편찬을 혼자 맡아, 이후 1610년까지 연구와 집필 생활을 계속했다.

1606년
선조 임금으로부터 '양평군'의 작위와 '숭록대부'의 벼슬을 받았으나, 천한 출신이라 하여 신하들의 반대로 '숭록대부'의 벼슬은 취소되었다.

1607년
저술 활동에 힘써 〈언해구급방〉을 완성했다. 1608년에는 〈언해두창집요〉와 〈언해태산집요〉를 지었다.

1609년
선조 임금이 승하하자, 어의로서 그 책임을 지고 귀양을 갔다. 유배지에서 의학서의 집필을 계속했다. 그리고 1년 뒤인 1610년 귀양에서 풀려나 〈동의보감〉을 완성했다.

1613년
2월, 〈신찬벽온방〉을 짓고, 그 해 12월에는 〈벽역신방〉을 지었다.

1615년
일흔 살의 나이로 세상을 떠났다.

조선 시대의 약장

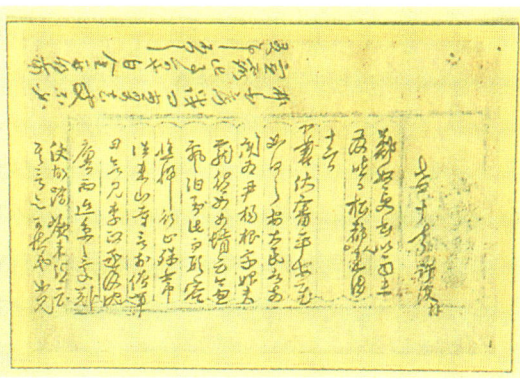
허준이 직접 쓴 편지글

허준이 저술한 《동의보감》

구암 공원에 있는 허준 동상

서울 강서구 가양동에 있는 구암 공원

양천 허씨를 기념하여 세운 '공암 바위'

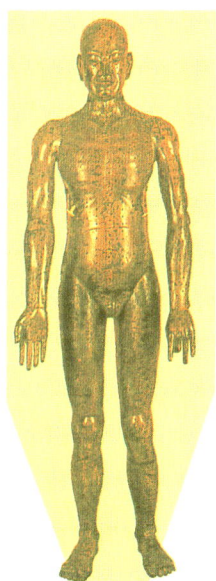
1027년 중국에서 제작된 침구의 경혈 위치를 표시한 인체 모형

1546~1615
許浚